ENTSCHLEUNIGUNG
im Alltag

EDITION XXL

Inhalt

Einführung

Zu schnell, zu viel, alles gleichzeitig. Immer mehr Menschen fühlen sich gehetzt, überlastet, erdrückt, erschöpft und ausgebrannt. Ein häufig undifferenzierter Ruf nach Veränderung, nach umfassender Verlangsamung, nach Werten, Haltung und Sinn, nach Wandel im Arbeitsleben, Konsumieren und Wirtschaften, nach mehr Demut und Maßhalten wird immer lauter. Wir befinden uns nach der Perfektion des Turbokapitalismus und der in den letzten Jahrzehnten vollzogenen Globalisierung in einer Beschleunigungsspirale, die alle wirtschaftlichen und sogar sozialen Prozesse umfasst. Je nach

Perspektive entwerfen die einen Modelle für die grundsätzliche Überarbeitung „des Systems", andere nehmen den Einzelnen in die Verantwortung, sich gegen die große Welle zu stemmen.

Doch während die große Welle unserer Kultur, unseres Sozialwesens und unserer Wirtschaftsform langsam durch die Jahrhunderte rollt und ihre Richtung entsprechend träge ändert, versuchen wir, auf der bewegten Oberfläche in den vergleichsweise kurzen Wellen unseres Lebens zurechtzukommen. Viele von uns können nicht – oder wollen nicht – passiv auf die

großen Richtungsänderungen warten und infolge der Anforderungen des Lebensalltags (schneller, weiter, höher, mehr) und ununterbrochener Hetze auf die persönliche Erschöpfung zueilen.

Dieser Ratgeber ist gedacht als Inspiration für diejenigen, die den Zusammenhang zwischen unserer temporeichen Zeitkultur und ihrer persönlichen Lebensführung herstellen möchten. Die Sammlung soll ermutigen, eigene Einflussmöglichkeiten wahrzunehmen und Gestaltungsfreiräume zu

nutzen. Weit entfernt von einem pauschalen „Mach einfach langsamer!" erinnern die Kapitel an gute Gewohnheiten, die wir vergessen haben, oder geben Anregungen zur Überprüfung unserer Wertigkeiten und Entscheidungen in einer dauerbeschleunigten Kultur.

Er ersetzt NICHT professionelle therapeutische Hilfe bei akutem psychischem Erschöpfungszustand beziehungsweise reaktiver Depression (Burn-out). Er ist kein Ratgeber zum Zeitmanagement. Er erhebt keinen Anspruch auf Vollständigkeit.

Warum Entschleunigung?

Zeit ist einfach da. Es ist ihr egal, ob wir da sind oder nicht. Wir nehmen sie in der Regel auch nicht wahr. Sie ist uns so selbstverständlich wie die Luft zum Atmen. Die Zeit selbst können wir nicht besitzen, nicht kaufen, nicht organisieren. Wir machen sie für uns nur erlebbar, indem wir sie einteilen: in Jahrhunderte, Jahre, Monate, Tage, Stunden, Minuten, Sekunden und weniger.

Die Lebenszeit ist endlich

In unserer Vorstellung verläuft Zeit linear wie auf einem endlosen Band. Vor einigen Jahrhunderten – die Historiker sagen, im 14. Jahrhundert – hörten wir auf, der Kirche zu glauben, dass unser Leben unendlich sei und wir nach unserem diesseitigen Tod im Jenseits weiterleben könnten. Seitdem versuchen wir, angesichts der Endlichkeit unseres Lebens so viel wie möglich in unsere Lebenszeit hineinzupressen – und das so effizient wie nur irgend möglich.

Die Maxime lautet dabei mehrheitlich aber nicht, so intensiv wie möglich zu leben, sondern so viel Kaufkraft und Vorsprung wie möglich zu erarbeiten. Quantität geht vor Lebensqualität. Kaufkraft meinen viele immer noch gegen Glück und Sinn eintauschen zu können.

Die Beschleunigung in Zahlen

2010, so berichtet die Frankfurter Rundschau, beliefen sich die Fehlzeiten von deutschen Arbeitnehmern aufgrund psychischer Erkrankungen auf 53,3 Millionen Tage.

2001 waren es deutschlandweit noch 33,6 Millionen Tage. Das Statistische Bundesamt vermeldete fast zeitgleich, dass die deutschen Arbeitnehmer zwischen 1991 und 2011 deutlich produktiver geworden seien. Die erbrachte Wirtschaftsleistung sei um 34,8 Prozent pro Stunde gestiegen. Geht man davon aus, dass von den arbeitsfähigen Arbeitnehmern die 33,6 Millionen Fehltage der erkrankten ausgeglichen worden sind, dürfte die tatsächliche Produktivität pro Arbeitnehmer und Stunde noch höher liegen.

● Keine Zeit für Gemächlichkeit

Um Geld noch schneller verdienen und noch schneller ausgeben, Gegenstände noch schneller konsumieren und noch schneller verkaufen zu können, keine Gelegenheit auszulassen, aus allem und jedem „Geld zu machen", haben wir überall die Produktions- und Zerfallsgeschwindigkeiten optimiert. Wo uns das Tempo der Menschen dazu nicht ausreichte, installierten wir Maschinen und Technik im 24-stündigen Dauerbetrieb und stellten Arbeiter ab, diese zu bedienen. Wo es möglich ist, nutzen wir sogar inzwischen die Zeitverschiebung zwischen den Kontinenten, um die Verfügbarkeit von Waren und Leistungen zu jeder Tages- und Nachtzeit zu gewährleisten.

Nach wie vor verfolgen die Älteren mehrheitlich eine Politik à la „größer, besser, mehr und weiter", selbst auf Kosten ihres Wohlbefindens und ihrer Gesundheit.

Unsere Freude an technischen Innovationen, unser Drang, alles hemmungslos zu tun, nur weil

13

wir es tun können, unsere Gier und die komplett verinnerlichte Leistungsbereitschaft führen dazu, dass wir nichts auslassen: Keinem einzigen Lebensbereich gestehen wir heute auch nur ansatzweise die ihm eigene Zeit für seine natürliche Entfaltung zu, nichts, das wir nicht optimieren, regulieren, noch schneller oder günstiger erledigen könnten – das Lernen, das Wachstum, das Reisen, die Kommunikation, das Essen, unseren Urlaub, die Kunst, die Kultur …

Irgendwann, zwischen der Zeit des Hungers Mitte des letzten Jahrhunderts und heute, haben wir es anscheinend verpasst, eine Kultur der Pause, des Ausgleichs, des Müßiggangs, der Kontemplation, der Achtsamkeit

und Demut parallel zu dem angestrebten materiellen Wohlstand zu entwickeln und zu pflegen.

Eine Zeit lang machte es den Eindruck, als ob die heute 25- bis 35-Jährigen den Beschleunigungs- und Effizienzwahn verlangsamen könnten. Sie sind längst nicht mehr so schnell bereit, rund um die Uhr zu arbeiten, Familie und soziale Verbindungen hintanzustellen und den vorexerzierten Mustern zu folgen. Aber bei näherer Hinterfragung ihrer Motive suchen auch sie vornehmlich im Haben die Sicherheit, die ihnen eine flüchtige, sich pausenlos verändernde Welt kaum noch bietet. Dazu versuchen sie, der immer schneller verrinnenden Zeit immer organisierter und direkter habhaft zu werden.

● Perfekt durchgetaktet

Wir versuchen, uns die Zeit dienstbar zu machen, sie für uns arbeiten zu lassen. Im Perfektionieren der Anwendung der Zeitmanagement-Werkzeuge organisieren wir schließlich das ganze Leben, kein Teil des Tages wird ausgespart. Es wurde viel erreicht, aber um welchen Preis? Zeit wird immer

knapper, Termine werden immer enger, der Rhythmus wird immer schneller, die Veränderungen folgen einander in immer kürzeren Abständen, bis sie zu einer einzigen Dauerveränderung verschwimmen. Pausen, wenn nicht schon längst wegrationalisiert, werden sorgfältig abgemessen und zugeteilt. Der Unterschied zischen Ruhen und Tun, zwischen Erwerbs-arbeitszeit und freier Zeit, zwischen Anspannung und Entspannung schwindet mit jedem Tag mehr. Wir beschweren uns darüber, dass unser Leben einem Metronom (Taktgeber) mit seinem nervenauf-reibenden, stetigen Tack-tack-tack-tack zu gehorchen scheint. Dabei hören wir selbst ein Metronom nur deshalb, weil es eben nicht nur einen stetigen Ton produziert.

Die Bienen sind gar nicht so fleißig, wie wir glauben. Sie können nur nicht lang-samer fliegen.

Unbekannt

Achtung: Die Eigendynamik des Hamsterrads

Eine Tretmühle reicht nicht mehr, um ein reales Bild un-seres pausenlosen Hetzens und Rennens zu zeichnen. Eine Tretmühle dreht sich nämlich in beständigem Tem-po. Ein Hamsterrad wäre das adäquatere Abbild.
Das hat nämlich die Eigenschaft, sich umso schneller zu drehen, je schneller man darin läuft. Und dreht sich das Rad schneller, muss man schneller laufen, um nicht zu fallen. Anders als Hamster, die schlauerweise aus dem Rad sprin-gen, wenn sie genug haben, bleiben wir Menschen in un-seren Rädern und laufen immer schneller und schneller – bis zum Zusammenbruch. Das Tückische daran ist, dass in unserem Hamsterrad der Industrienationen so viele Kräfte daran beteiligt sind, das Rad immer weiter zu beschleuni-gen, dass das Straucheln Einzelner kaum bemerkt wird.

Die Pausen machen die Töne hörbar

Wenn Töne ohne Pausen dazwischen erklingen, verschmelzen sie zu einem einzigen langen Ton. Nur durch das Innehalten, die Unterbrechung, werden einzelne Elemente hörbar. Nicht der einzelne Ton macht die Musik, sondern der Wechsel zwischen dem einzelnen Ton und einer Pause vor dem nächsten Ton. Ununterbrochenes wird Eintöniges. (Man achte auf die Worte!) Viele Töne gleichzeitig ohne Zäsuren und Wechsel verdichten sich zu einem einzigen grauen Rauschen.

● Der Wechsel macht die Musik

Und warum klingt das Ticken des Metronoms dennoch nicht wie Musik in unseren Ohren? Weil es zu gleichförmig ist! Musik entsteht nicht nur durch den Wechsel von Gleichem im Sinne von an und aus, sondern durch den Wechsel zwischen vielen verschiedenen Elementen wie zum Beispiel unterschiedlich langen Pausen und Tönen: kurzer Ton – kurze Pause – langer Ton – kurze Pause – langer Ton – lange Pause.

Doch nicht nur der Wechsel von Ton- und Pausenlängen, sondern auch der Wechsel zwischen verschiedenen Tönen, von eindringlichen und zurückgenommenen, gemütlichen und anstrengenden, hohen und tiefen, hellen und dunklen, lauten und leisen Tönen bringt den Rhythmus zum Schwingen und macht Musik erst zu lebendiger Musik – und zu einem Hörgenuss.

Betrachtet man das Leben als Musikstück, so könnte man sagen: Sowohl vielfältige Töne als auch vielfältige Pausen sind wichtig. Sie ermöglichen gemeinsam den Wechsel. Ohne diesen Wechsel verschwimmen die Elemente und wir finden uns unversehens in einem ebenso eintönigen wie aufreibenden Dauerlauf wieder.

● Töne und Pausen im Gleichgewicht

Was entspricht in unserem Alltag den Tönen und Pausen der Musik? Welches sind die Wechselelemente, die das Leben lebenswert machen – und vom bloßen Überleben abheben? Es sind das Anfahren und das Anhalten, das Schlafen und das Wachsein, das Gehen und das Rennen, das Schleichen und das Sausen, das Wissen und das Staunen, das Lernen und das Vergessen, die Fülle und der Mangel, die Gier und das Sichbescheiden, das Zuwenden und das Sichabwenden, die Liebe und der Hass, die Trauer und die Freude. Zu den wechselnden Elementen zählen auch alle Facetten des Elternseins, des Kindseins, des Partnerseins, des Mitarbeiterseins, des Chefseins sowie zu viel Arbeit und zu wenig Arbeit, der Termindruck und die Terminlosigkeit, die Beschleunigung und die Verlangsamung … Die Zahl der Elemente ist unendlich und so bunt, wie das Leben nur sein kann. Dass sie alle in möglichst ausgewogenem Verhältnis vorkommen, ist die Herausforderung, die sich uns stellt.

Wichtig: Halten Sie die Balance

Es gilt, die Balance zu halten, nicht einseitig nur einige Elemente zu berücksichtigen und andere zu vernachlässigen. Wo zu häufig sich eines in den Vordergrund drängt, wir eines übermäßig bevorzugen oder auch vernachlässigen, da entstehen Disharmonie und Ungleichgewicht.

Vor dem Hintergrund eines auf Geschwindigkeit und Ökonomie durchoptimierten Alltags scheint es, als hätten wir der Balance zwischen Bewegung und Innehalten, dem Ruhen und dem Tun, zwischen dem Wollen und dem Lassen zu wenig Aufmerksamkeit gewidmet. Wollen und Tun bestimmen die Musik; Innehalten und Ruhen sind ins Hintertreffen geraten und haben nicht mehr gleiches Gewicht.

● Das Gleichgewicht im Laufen wiederherstellen

Wollen wir die Balance wiederherstellen, die vernachlässigten Elemente wieder in den lebensnotwendigen Wechsel einbeziehen, so heißt das nicht, dass wir uns nun ausschließlich um diese kümmern sollten. Die einseitige Bevorzugung zuungunsten anderer Elemente würde uns nur sehr schnell in dieselbe Situation bringen, lediglich unter anderem Vorzeichen.

Das Pendel sollte nach Möglichkeit nicht mit Schwung in das andere Extrem gleiten, nur um auch dort nach kurzer Zeit erneut Mangelerscheinungen auszulösen. Vielmehr geht es um ein „Sowohl-als-auch". Das Lassen, Innehalten und Ruhen sind in den letzten Jahren verkümmert und brauchen nun Aufmerksamkeit, ohne dass Wollen, Bewegung und Tun dabei zu kurz kommen.

Um sich die vernachlässigten Elemente des Lassens, Innehaltens und Ruhens, die Freiräume zwischen den Räumen zurückzuerobern, braucht es Disziplin, Mut und Kraft. Wiederum sind wir aufgerufen, uns selbst aktiv für das Nicht-aktiv-Sein einzusetzen, und werden auf unsere Eigenverantwortlichkeit zurückverwiesen. Die zur Entschleunigung empfohlenen Maßnahmen kommen uns seltsam bekannt vor – aus dem Zeitmanagement.

● Das Dilemma des Entschleunigens

Dabei meint Zeitmanagement eigentlich nicht Management der Zeit, sondern vielmehr ein Management unseres Selbst. Mit diesem Werkzeug disziplinieren wir uns, strukturieren unser Tun, richten uns auf Ergebnisse aus, regulieren und takten das Leben, jeden Schritt und sogar noch die Pausen, wenn wir sie nicht vorher zugunsten der Effizienz schon wegorganisiert haben.

Während wir dort die Werkzeuge zur Steigerung unserer Leistungsfähigkeit und Produktivität einsetzen, nutzen wir dieselben nun hier, um das frisch Durchstrukturierte zu deregulieren, die zuvor mühsam geschaffene Einteilung aufzulösen, das Nichts zwischen der Effizienz zu organisieren – nicht vollständig, aber zumindest so, dass Balance entsteht. Obwohl wir um die Unbesitzbarkeit der Zeit wissen, versuchen wir erst, sie mit aller Kraft und Disziplin einzusparen, um sie dann andernorts wieder großzügig und willentlich zu verschwenden. Das ist ein eklatanter Widerspruch, der nicht auflösbar ist und doch keine Alternative kennt.

Anregung: Lauschen Sie dem Rhythmus

Ihre Lebenslust zu erhalten, für jeweils angemessene Geschwindigkeiten und einen ausgewogenen Wechsel zu sorgen, das Schöne und Haltgebende in Ihrem Leben zu pflegen sind lebenslange Daueraufgaben.

Es ist eine Illusion, zu denken, schneller, höher, mehr und weiter könnten das Schöne, Tiefe, Genüssliche, Sinnliche entbehren. So funktioniert das nicht. Für ein geistiges, psychisches, physisches UND seelisches Wohlgefühl bleibt Ihnen nichts anderes, als sich ausgewogen zu „ernähren"! Heute bedeutet das nicht, mehr zu tun, sondern im Gegenteil weniger zu tun!

Uns fehlt das Nichts, der Stillstand, das Innehalten, die Stille, die Pause! Tun Sie etwas für Ihre Balance. Gehen Sie auf die Pirsch! Halten Sie Ausschau nach Pausen. Wo gibt es Pausen? Wer hat Pausen? Wie lange? Was passiert in den Pausen? Was folgt auf die Pause? Wie ist der Rhythmus? Suchen Sie nach Beispielen, wo das Nichts, der Stillstand, das Innehalten, die Stille im Wechsel mit anderem die vielfältigen Bewegungen des Lebens erst erfahrbar machen. Begeben Sie sich an Orte, wo Pausen und Wechsel am offensichtlichsten zu finden sind: Wartezimmer, Bahnhöfe, Ampelkreuzungen ... Setzen Sie bewusst einen Fuß vor den anderen, gehen Sie – schnell und langsam. Sie werden bald feststellen, wie das Prinzip des Wechsels überall wirkt und alle Bereiche durchzieht.

Selbst im größten Alltagstrubel sollte es Ihnen gelingen, kleine Erkundungsgänge zu unternehmen. Machen Sie eine Pause, um die Pausen zu entdecken! Lauschen Sie auf die Pausen, sammeln Sie Rhythmen im Alltag.

Die Gedanken fließen lassen im Schreiben

Um Neues zu verarbeiten und Gehörtes mit bisherigen Denkmustern abzugleichen, aber auch um Klarheit zu gewinnen oder einen kreativen Ausweg aus dem Kopfkino – oder dem Nebel – zu finden, hat sich die von Julia Cameron als „Morgenseiten schreiben" bezeichnete Technik hervorragend bewährt.

Dieses Kapitel wird Ihnen – wenn Sie es aufmerksam lesen – interessante, aber eventuell auch ungewohnte Perspektiven liefern. Schriftlich die Gedanken fließen zu lassen, das Unterbewusstsein und die Fähigkeiten Ihres Gehirns zu aktivieren, das kann Ihnen zu ganz neuen Erkenntnissen und Einsichten verhelfen. Über die Verarbeitung dieses Buchinhalts hinaus kann Sie – wenn Sie es sich zur Gewohnheit machen (siehe Kasten auf Seite 24) – das Schreiben der Morgenseiten langfristig unterstützen.

● Schreibend zur Besinnung kommen

Kennen Sie diesen Zustand? In Ihren Gedanken dreht sich alles. Sie haben zu viel im Kopf, manches davon greifbar, manches eher nebulös. Zeitweise stürmen unzählige Gedankenfetzen auf Sie ein. Von Sorgen und Terminplänen, Aufgabenlisten und schönen Gefühlen bis hin zu Versagensängsten und Wut – alle möglichen guten und bedrohlichen Gefühle und Gedanken begleiten Sie in Ihrem Alltag. Vielleicht herrscht aber auch absolute Stille, erschreckende Stille. Ihre Gedanken ducken sich, machen sich unsichtbar. Sie möchten Klarheit gewinnen, in Ruhe über Ihr Leben nachsinnen, aber da tut sich absolut gar nichts. Sie sind wie gelähmt.

Besonders wenn wir uns in Hetze und Termindruck, Angst oder Sorge, Wut oder Trauer, von Abschied und Neuanfang gefangen fühlen und keinen rechten Ausweg wissen, reagiert unser Hirn mit Extremen: Entweder es schweigt komplett und es fühlt sich an, als ob undurchsichtiger dicker Nebel sich darin breitgemacht hat. Im anderen Extrem schreien und quietschen unsere Gedanken durcheinander, schwirren in wildem Farbentanz wie auf einem Jahrmarkt umher, hetzen himmelhoch jauchzend oder zu Tode betrübt auf und ab. In beiden Fällen ist es uns kaum möglich, einen klaren Gedanken zu fassen.

Morgenseiten zu schreiben ist eine einfache und gleichsam höchst kreative Art, nebulöse Ideen oder verworrene Gedanken zu sortieren und dazu die eigene Kreativität anzuregen. Jeder kann die Morgenseiten-Technik anwenden. Es bedarf dazu eines Stifts, ein paar Blatt Papier und zirka 10 bis 15 Minuten Zeit, bevor Sie den Tag beginnen.

● Raum für beide Gehirnhälften

Unser Denken und Handeln wird durch zwei miteinander verbundene Gehirnhälften gesteuert. Die linke Großhirnhälfte denkt eher klar und linear. Sie ist für Vernunft, Ordnung und Sicherheit zuständig. In diesem logisch denkenden Teil des Gehirns wohnt aber auch der Zensor in Ihnen, der vor allem Bekanntes liebt. Alles, was er nicht kennt, versucht er aus Ihrem Leben fernzuhalten. Dieser Zensor ist es, der Ihnen einflüstert, dass Sie dies oder jenes nie schaffen werden, und der Sie von Veränderungen abzuhalten versucht. Die Morgenseiten dienen unter anderem dazu, diesen Zensor in seine Schranken zu weisen. Wo es

wirklich um Ihre Sicherheit geht, ist er wichtig, nicht aber, wo er als Verhinderer auftritt.

Die rechte Gehirnhälfte ist für Kreativität, Veränderungen und Wagemut verantwortlich. Sie liebt neue, innovative Verknüpfungen, unlogische Zusammenhänge und fantasievolle Bilder. Die Morgenseiten zu schreiben hilft Ihnen dabei, Ihren Zugang zu diesem Teil Ihres Bewusstseins zu wecken und (wieder) zu entdecken, während die rechte Seite noch schläfrig ist. Im morgendlichen Schreiben geben Sie Ihren kreativen Kräften Raum, aufzuwachen und sich frei und ohne bewusstes Ziel zu entfalten.

Anregung: Schreiben Sie Morgenseiten

Legen Sie sich am Abend einen (gut funktionierenden) Stift und Papier zurecht. Gleich nach dem Aufwachen schreiben Sie Ihre ersten drei Morgenseiten.
Schreiben Sie auf, Zeile um Zeile, was immer Ihnen in den Sinn kommt. Es ist wichtig, dass Sie Ihre Gedanken beim Schreiben nicht steuern, sondern alles (!) ungeordnet (!) zu Papier bringen, was Ihnen gerade durch den Kopf geht. Denken Sie nicht bewusst. Es kommt nicht auf Schönheit an, nicht auf Rechtschreibung, Zeichensetzung, nicht auf Lesbarkeit. Niemand wird je Ihre Morgenseiten zu Gesicht bekommen und lesen.

Gleich nach dem Aufwachen ist unser innerer Zensor noch schläfrig. Nutzen Sie die Chance und notieren Sie nach Herzenslust alles, was Ihnen einfällt, ungeordnet und vielleicht auch von Thema zu Thema springend. Wenn Sie denken „Mein Gott, was schreibe ich hier nur für einen Unsinn", dann schreiben Sie es auf. Wenn Sie bemerken, dass Sie heute nicht vergessen dürfen, die Blumen zu gießen – schreiben Sie es auf und lassen dann los. Versuchen Sie, sich nicht hinter der gewissenhaften Beschreibung von vergangenen Abläufen oder Ereignissen zu verstecken: Ihre Morgenseiten sind kein Tagebuch, sondern ein persönlicher geheimer Garten für umherwandernde Gedanken. Es gibt kein Falsch oder Richtig!

● Unbeirrt drei Seiten schreiben

Hauptsache, Sie füllen exakt drei Seiten Papier, auf keinen Fall weniger! Es braucht ein wenig, in den Fluss zu kommen. Drei Seiten – auch wenn Sie am Anfang versuchen, mit großer Schrift schnell fertig zu werden – sind ein bewährtes Maß, um die unbewussten

Kräfte in unserem Hirn dazu zu bewegen, mitzuwirken. Sie können es, versuchen Sie es!

Ihnen will partout nichts einfallen? Dann schreiben Sie einfach immer wieder: „Ich weiß nicht, was ich schreiben soll." Sie werden es nicht schaffen, dies seiten-, tage- und wochenlang zu wiederholen. Bald werden andere Gedanken wie von selbst aus Ihnen heraus auf das Papier quellen. Füllen Sie unbeirrt jeden Tag Ihre drei Morgenseiten – egal ob Ihnen danach zumute ist oder nicht. Nur so wird der Schreibprozess zu einer produktiven fließenden Auseinandersetzung zwischen den bewussten und den unbewussten, den kritischen und den kreativen Kräften in Ihrer Persönlichkeit. Beginnen Sie nach dem Schreiben Ihren normalen Tagesablauf – und schöpfen Sie aus der geweckten Lebensenergie.

Wichtig: **Morgenseiten als Ritual**

Morgens als Erstes, im noch halbwachen Zustand, Ihre drei Morgenseiten zu schreiben, sollte für Sie ein stilles und kostbares Ritual werden.
Manche benutzen für ihre Morgenseiten ein gebundenes Buch mit Blankoseiten, manche nutzen lose DIN-A4-Bögen, die sie noch am selben Morgen zerknüllen und vernichten. Eines ist wichtig: Morgenseiten sind kein Tagebuch zum Aufbewahren von Kostbarkeiten. Sie sind eher eine Projektionsfläche, eine Arbeitsfläche. Der Prozess des Schreibens ist wichtig, nicht das Ergebnis. Lassen Sie Ihre Morgenseiten nie offen herumliegen, sie sind nicht als Lektüre gedacht, nicht für Sie selbst (!) und schon gar nicht für andere. Blättern Sie nie zurück – Form und Inhalt werden Sie unnötig in Anspruch nehmen und ablenken!

Gewohnheiten prüfen und verbessern

Mit der Zeit entwickeln wir allerhand Gewohnheiten. Manche davon sind unserem Wohlbefinden zuträglich, andere weniger. Von Letzteren behalten wir einige wider besseres Wissen aus Bequemlichkeit bei. Andere führen wir nur fort, weil wir vergessen haben, was der Anlass für dieses uns zur Gewohnheit gewordene Handeln war, und vor allem weil wir vergessen haben, wie es auch anders gehen könnte.

langsam **Zeit**
Bedacht Stress
Mut gemächlich

Die Macht unserer Wörter

Sie suchen nach Entschleunigung? Sie möchten der Hektik Einhalt gebieten, wenigstens ab und zu einmal? Dann brauchen Sie unter anderem Wörter, um das Leben und Ihren Alltag überhaupt erst einmal entschleunigt denken zu können. Das ist gar nicht so leicht. Unser Sprachgebrauch hat sich so verändert, dass wir kaum einen Satz ohne Begriffe der Geschwindigkeit, des Messens, des Zeitdrucks bilden können. Ohne entsprechende Wörter können wir Verlangsamung aber nicht einmal denken, geschweige denn etwas tun. Lenken wir unser Augenmerk also als Erstes auf unseren Wortschatz.

● Das Verschwinden der Wörter

Ob das Verschwinden mancher Wörter nun Ursache oder Wirkung unserer beschleunigten Kultur ist, kann hier nicht beantwortet werden. Tatsache aber ist, dass wir viele Wörter, die der Beschleunigung Einhalt gebieten könnten, in den letzten Jahrzehnten weitgehend aus unserem aktiven Sprachschatz verbannt haben.

Auch Sprache entwickelt sich ständig weiter, muss sich verändern, um neue Phänomene denken und verarbeiten zu können. Doch unser aktiver Sprachgebrauch zeugt von einer Kultur, in der „Zeit ist Geld" zum Antreiber unseres Tuns geworden ist. Wann haben Sie zuletzt eines dieser

Wörter – bedächtig, versonnen, geruhsam, Gleichmut, gelassen, Umsicht, mit Bedacht, behutsam, gemächlich, Maß, angemessen, bescheiden, Zufriedenheit, bummeln, umfassend, mal hier, mal dort, entspannt, gelangweilt, trödeln – gehört?

Manche davon klingen Ihnen vielleicht altmodisch in den Ohren, sie sind wirklich im besten Sinne alt, nicht neu, nicht populär, nicht „hip" oder „angesagt", nicht „trendy", nicht „cool", nicht „zeitgemäß". Man hört diese Wörter, Wörter der Langsamkeit, des Genusses, der Bedächtigkeit, höchst selten. Sie kommen am ehesten noch in Urlaubserzählungen vor, im Alltag dagegen sind sie beinahe verschwunden. Und ganz selten finden wir sie in den Verlautba-

rungen der Medien. Das ist nicht verwunderlich, oder?

● Die Sprache des Alles-hier-und-jetzt

Unser Sprachgebrauch spiegelt unsere Wertigkeiten wider. Wörter der Geschwindigkeit, des Bewertens, des Messens, des Zählens sind allgegenwärtig. Die Slogans „Zeit ist Geld", „Geiz ist Geil" und „Je schneller, desto besser" kennt jedes Kind. Staub als Spur der Zeit ist nicht akzeptabel, schon gar nicht auf Wörtern. Wer altmodische Wörter der Langsamkeit, des Genießens und des Maßhaltens benutzt, ist nicht modisch, nicht im Trend, nicht innovativ, nicht in, nicht im Mainstream. Wahrscheinlich ist er auch nicht leistungsfähig sowie zu dumm, die Zeichen der Zeit zu sehen, ein Loser eben. Er verpasst den (rasenden) Zug der Zeit, bleibt zurück. Und genau das –

Zurückzubleiben, nicht dazu zu gehören, außerhalb zu stehen oder gar abzusteigen – bedient unsere tiefsten Ängste. Also machen wir mit, lassen uns die Ohren mit einer Sprache vollträufeln, welche die Schnellen und das Flüchtige hofiert. Unreflektiert tragen wir anschließend zu dem sprachlichen Geschwindigkeitsrausch bei: Wir „chillen", wo wir uns „erholen" könnten, und wir „shoppen", anstatt „durch die Stadt zu bummeln", wir „entschleunigen", anstatt und zu „verweilen". Hand aufs Herz, klingt in Ihren Ohren „chillen, shoppen und entschleunigen" nicht auch anstrengender als „erholen, bummeln und verweilen"?

● Den eigenen Wort-Schatz heben

Wenn aber Worte unsere Gedanken formen und Gedanken unser Tun lenken, dann ist die Besinnung auf unsere „altmodischen" Wörter der erste Schritt aus der Beschleunigungsspirale. Beginnen Sie also mit einer Auszeit in Ihren Gedanken und holen Sie die

zahlreichen Wörter der Bedächtigkeit, der Langsamkeit, der Besonnenheit und des Genusses (wieder) in Ihre Alltagssprache zurück. Achten Sie dabei auf den Klang der Wörter und nehmen Sie sie wortwörtlich (in ihren feinsten Nuancen) – „bedächtig" ist nicht

dasselbe wie „langsam", „angemessen" meint nicht „wenig".
Nutzen Sie diese Wörter, um für
sich persönlich richtungweisende

Gedanken zu spinnen. Verschaffen
Sie ihnen bewusst einen Platz in
Ihrer beschleunigten Welt.

Anregung: Begeben Sie sich auf Schatzsuche

Anstatt Gold und Silber, Steine am Strand oder Pilze im
Wald zu sammeln, fangen Sie einmal einen Tag lang Wör-
ter ein, und zwar alle Wörter, die etwas mit Tempo oder
Geschwindigkeit zu tun haben.
Nehmen Sie einfach ein Blatt Papier mit in den Tag und
notieren Sie alle gefundenen Wörter zum Thema. Hier hören
Sie vielleicht im Radio das Wort „schnarchlangsam", dort
sehen Sie auf einem Plakat „rund um die Uhr", an anderer
Stelle schnappen Sie „gemütlich" auf. Auch Redewendun-
gen nehmen Sie mit in Ihre Sammlung auf. Am Ende des
Tages sichten Sie Ihre Fundstücke und halten – gemäß dem
Motto „Die guten ins Kröpfchen, die schlechten ins Töpf-
chen" – Ausschau nach Wörtern, die Sie mögen: Welche
sprechen Sie an oder rufen angenehme Assoziationen hervor? Welche „fühlen" sich gut an? Heben Sie diese Wörter
farbig hervor und nutzen Sie sie zur Ergänzung und Pflege
Ihres persönlichen Sprachschatzes.

Nehmen Sie Ihre Fundstücke wie
kostbare Gewürze in Ihren aktiven
Wortschatz auf und formen Sie
daraus Ihre eigenen kreativen

Gedanken. Denn Sie wissen: Wörter ermöglichen Gedanken und
Gedanken lenken unser Tun!

Sich umfassend nähren

Unabhängig davon, was förderliche oder schädliche Nahrung ausmacht – dieses Buch ist kein Ernährungsratgeber –, liefert auch die Art und Weise, was wir unter Nahrung verstehen und wie wir der Nahrungsaufnahme nachkommen, vielerlei Gestaltungsfreiräume.

● Essen und Trinken

Nahrungsmittel zu uns nehmen müssen wir alle. Mehrmals am Tag benötigen wir die Energiezufuhr, um uns am Leben zu halten und gesund zu bleiben. Die Aufnahme von Nahrung zählt zu unseren elementarsten Bedürfnissen. Dieses Bedürfnis zu befriedigen, dafür sorgen wir alle in der einen oder anderen Weise. Doch längst haben der beschleunigte Arbeitsalltag und die vermehrte Mobilität auch hier Gewohnheiten verändert. Die einen essen vornehmlich „schnell zwischendurch", die anderen essen „irgendwas, Hauptsache satt", die nächsten zelebrieren das Zubereiten komplizierter Menüs – wenn auch nur am Wochenende –, wieder andere versuchen, wenigstens einmal am Tag mit ihren Lieben am Esstisch zu sitzen. Und so mancher schafft es nach erschöpfenden Fast-Food-Tagen gerade noch, Chips futternd vom Sofa aus Kochsendungen im Fernsehen zu verfolgen.

Letztere vermitteln, dass die Zubereitung einer mehrgängigen Mahlzeit innerhalb eines Sendeformats und mit blitzblanker Küche erstrebenswert ist – zumindest schaffen das die anderen! Natürlich brauchen wir, so lassen wir uns einreden, für die Zubereitung von Essen besondere Zutaten, damit etwas halbwegs Schmackhaftes bei unseren Bemühungen herauskommt. Hier stehen die Kochshows den diversen Diätplänen in nichts nach: Allein das Lesen der Zutatenlisten hinterlässt uns erschöpft, bevor überhaupt etwas getan ist. Ob derjenige, der sich diese ausgedacht hat, unser Wohlbefinden im Sinn hatte?

● Ernährung im Wandel der Zeit

Uns auf Schritt und Tritt begleitende Begriffe wie Convenience-Food, Fast Food, Fertiggerichte, Snacks, Pausenriegel, Minutensuppe, Coffee to go, Kochhobby, Kochshow, Pausensnack beschreiben recht genau, wie weit wir uns von dem eigentlichen Thema „ernähren" entfernt haben.

Ernähren bedeutete einmal „am Leben erhalten" im umfassenden Sinne. Heute bezeichnet „sich ernähren" nicht mehr den umfassenden Erhalt des Lebens. Allenfalls ist es unsere Antwort auf ein lästiges, weil Zeit erforderndes Grundbedürfnis: die Aufnahme von Nahrungsmitteln, von Mittlern von Nahrung. Seine Krönung findet die Entfremdung des Begriffs „ernähren" von seiner ursprünglichen, umfassenden Bedeutung in der Angabe einer Berufstätigkeit – vielleicht sogar in Verbindung mit einem Zeitmaß. Auf die Frage „Wovon ernährst du dich?" heißt es: „Ich arbeite Vollzeit auf dem Amt!" Wie wir uns ernähren, beantworten wir mit einer Aussage darüber, wie wir Geld verdienen, wie wir unsere Kaufkraft steigern oder erhalten, also mit einem Hinweis auf unsere Leistungsfähigkeit beziehungsweise unseren Beruf.

● Sinnliche Nahrung

Dabei bedeutet „sich nähren" so viel mehr als das rein Körperliche, die physische Aufnahme von in Ess- und Trinkbarem gebundener Energie. Sich nähren umfasst auch: sich sinnlich nähren, sich geistig nähren, sich emotional nähren! Unsere Sinne nähren heißt, sie mit Gerüchen, Geschmäckern, mit Hörbarem und Ertastbarem zu füttern. Mentale Nahrung bekommen wir durch den Austausch mit anderen, durch Neues und Gewohntes, Herausforderungen, aber auch stetige Gewissheiten, durch kreative Gestaltung, durch Nichtstun und Tun. Und für unseren emotionalen Hunger brauchen wir Nähe und Entfernung, Anlässe und Gefühle – angenehme, unangenehme, große und kleine.

Wir füttern unsere Emotionen mit Verbundenheit mit anderen, mit Anerkennung, mit Zuneigung, mit Mitleid, mit Wut und vielem mehr. Unsere Ernährung umfasst so gesehen unsere Versorgung auf allen Ebenen mit allen „elementaren Zutaten", die unsere Bedürfnisse als Menschen befriedigen. „Alles gut und schön", werden Sie einwerfen, „aber was hat das mit unseren Essgewohnheiten zu tun?" Es hat nur noch wenig damit zu tun, könnte aber alles damit zu tun haben, wenn wir der Nahrungsaufnahme wieder den ursprünglichen, umfassenden und bewussten Platz in unserem Leben einräumen.

TIPP

Das Auswählen und Komponieren der Zutaten, die Zubereitung des Gerichts, die Versammlung zu einer Mahlzeit, die Gestaltung des Essplatzes, das Auftischen der Speisen, die Einnahme des Essens in Gesellschaft, die Benutzung der Esswerkzeuge, die Dramaturgie der Gespräche, die geschmackliche Einleitung und der Abschluss bis hin zum gemeinsamen Aufräumen der Küche bietet eine weitläufige Gestaltungsfläche für eine umfassende Ernährung im oben beschriebenen Sinn. Unser Geist, unsere Gefühle, unsere Sinne – und auch unser Magen – bekommen in diesem Rahmen Nahrung. Im Rahmen einer Mahlzeit – der Zeit für ein Mahl – werden wir rundherum satt, wenn wir uns Zeit lassen.

● Mahlzeiten zum Innehalten

Mahlzeiten waren einmal wichtige Zäsuren im Tageslauf. Zu einer bestimmten Tageszeit traf man sich, um gemeinsam zu kochen und zu essen. Ganz selbstverständlich fügten sich Gespräche und Gefühle, Sinneserfahrungen und Nahrungsaufnahme zu einem Ganzen zusammen. Heute findet dies noch in traditionsbewussten Familien mit kleinen Kindern statt und sehr selten – meist zu besonderen Anlässen – in der Großfamilie oder unter

Freunden. Wir haben uns zunehmend angewöhnt, uns zum Essen nach Feierabend außerhalb der privaten Räume zu treffen. Zwar entsagen wir uns hier der Sinnlichkeit und Kreativität des Kochens und des Gestaltens des Rahmens, aber immerhin nehmen wir uns die Zeit zum Setzen, Essen und Sprechen und nähren so – neben dem Magen – unser Bedürfnis nach Gesellschaft und Nähe.

„Brauche ich nicht, kostet zu viel Zeit, bekomme ich alles auch auf dem Weg", werden Sie vielleicht einwenden. „Ein belegtes Brötchen und ein Coffee to go am Bahnhof hält mich satt, im Zug habe ich Nähe genug, Gedudel für meine Ohren höre ich unterwegs ohne Pause. Und Gefühle?

Ich ärgere mich jeden Tag über die Verspätungen!" Scheint Ihnen dies ein erstrebenswerter Ersatz? Wäre es nicht eine Anstrengung wert, eine genüssliche, sinnliche und vor allem umfassende Nahrungsaufnahme wieder zurück in Ihr Leben zu holen? Dazu bedarf es nicht gehobener Kochfertigkeiten, gemeint ist nicht die Zubereitung opulenter Mehr-Gänge-Menüs, aufwendiges Einkaufen von Zutaten, die Einladung vieler Menschen, die Aufstockung des kostbaren Sonntagsgeschirrs, das Putzen des Silbers, das Aufstellen von Gästelisten etc. – im Gegenteil! Es geht darum, sich zur Abwechslung vom gehetzten Essen und Trinken im Vorbeigehen hier und da an gute Gewohnheiten zu erinnern, für

sich selbst (!) Erfahrungsräume zu (re-)kultivieren und seinen Geist, seine Gefühle und seinen Magen ausgewogen zu nähren! Der Aufwand dafür kann sehr gering sein: Schon eine Schüssel warmer Pellkartoffeln, etwas Butter und Salz, zwei Gläser kühles Leitungswasser, zwei Gabeln und ein Gegenüber am kleinen Tischchen sättigen zum einen und eröffnen zum anderen einen kommunikativen, sinnlichen und mentalen Erfahrungsraum zugleich.

Anregung: Kultivieren Sie das Dolce Vita

Einmal im Jahr fahren wir so weit weg wie möglich, genießen in fremden Ländern die stundenlangen abendlichen Gelage, blühen auf in unerwarteten Begegnungen und ausgelassenen Runden. Wieder zu Hause, schwärmen wir vom Dolce Vita in der Ferne und wenden uns alsbald wieder dem Convenience-Food und unserem Alltagseinerlei zu. Wie wäre es mit einem (erst mal nur einem!) Dolce-Vita-Abend im Monat? Dolce Vita sieht für jeden anders aus, hört sich anders an, fühlt sich anders an: Für den einen ist es vielleicht das gemeinsame Kochen und Essen, für den anderen ein romantisches Essen zu zweit, für den dritten ein Abend im besonderen Restaurant oder ein Opernbesuch mit einem Butterbrot und einer Flasche Wein am Küchentisch hinterher. Doch was immer Sie für Ihren Dolce-Vita-Abend planen, wen auch immer Sie miteinbeziehen: Achten Sie darauf, dass Sie sich nicht in unwichtigen Nebensächlichkeiten verzetteln und mit Perfektionismus unnötig Druck erzeugen. Oder haben Sie schon einmal Reisende über die Einheitlichkeit des Geschirrs und die Qualität der Tischdecken in Italien schwärmen gehört?

Einfach besser essen

Einfach zu essen intensiviert und versinnlicht unseren Alltag! Einfach essen meint hier im wahrsten Sinne, zurück zu den Wurzeln zu gehen und zunächst die eigenen Geschmacksknospen der Zunge und die malträtierten Geruchsnerven von Geschmacksverstärkern, dubiosen Gewürzmischungen und Fertiggerichten zu entwöhnen.

Einfach essen meint nicht mehr verzichten auf echte Gerüche, echte Geschmäcker, echte Geräusche, echtes Fühlen.

Im Gegenteil: Einfach essen besinnt sich auf all diese Aspekte, macht die Nahrungsaufnahme zu einem Fest für die Sinne und lässt alles Eitle drumherum weg. Einfach essen schert sich nicht um gängige Kochschulen, sondern besinnt sich auf die wesentlichen Zutaten und unsere Fantasie. Einfach essen kompensiert nicht Mangel an Gefühlen und Kontakten mit noch mehr Wertlosem, sondern führt zu Wertfülle!

● Bewusst wählen

Einfach essen ist einfach! Es fängt mit dem Einkauf von Zutaten an. Als Faustregel gilt: Ich wähle, was ich verstehe!

Tomate? Verstanden! Gurke? Verstanden! Quietschrosa Joghurt mit sechs Zeilen Zutatenbeschreibung? Unverständlich! Kartoffel? Verstanden! Dressing-Mischung mit dreierlei E? Unverständlich! Öl? Verstanden! Essig? Verstanden! Geflügelfertigsalat, gelb? Unverständlich! Petersilie? Verstanden! Eier? Lammfilet? Verstanden!

Am fündigsten werden Sie auf einem Markt mit frischen, unverarbeiteten Erzeugnissen! Gehen Sie bummeln! Schwelgen Sie unbedingt in den Gerüchen, Farben und Formen des Marktes! Folgen Sie Ihrer Nase! Übrigens: Die Marktverkäufer geben gern Tipps zur Zubereitung ihrer Früchte.

Erweitern Sie ihre Ernährungspalette zudem um andere „echte"
Zutaten: Freunde, Mitbewohner, die Nachbarn zum Mitgenie-
ßen, inspirierende Gespräche, eine duftende frische Blüte als
Tischschmuck, ein Lieblingsteller und experimentelles Kochen
der neuen Gemüse liefern Ihnen Nahrung für Ihren Geist und
Ihre Gefühle! Werden Sie richtig einfach-üppig! Machen Sie
sich Ihre neue Rundum-Ernährung zur Gewohnheit – mit all
ihren Facetten!

● Zeit zu Schwelgen

Einfach essen meint mit allen Sinnen wahrnehmen: Können Sie sich erinnern, dass Porree und Spargel quietschen, wenn die Stangen ganz frisch sind? Wissen Sie noch, wie Koriander duftet? Ingwer? Zitronengras? Dass ein Kürbis in seinem Inneren ganz weiche Fäden beherbergt? Wann haben Sie das letzte Mal mit den Armen in einem Sack voller Walnüsse gesteckt? Wie verteilt das frische Minzblatt sein Grün in einem Glas heißen Wassers? Wie fühlte es sich an, ein glibberiges Fischfilet in der Hand zu halten?

Erlauben Sie sich sinnliche Erfahrungen! Gehen Sie auf Entdeckungsreise in Ihrer Küche!

● Wenig wird viel

Einfach essen meint auch so wenig wie möglich tun! Kochen, braten und backen Sie Zutaten so wenig wie möglich und gerade so lange wie nötig. Schneiden Sie Frisches nur klein und richten es an. Halten Sie die Abläufe so einfach wie möglich. Je mehr und intensiver Sie alles verarbeiten, desto weniger bleibt vom Ursprünglichen übrig! Wenn Sie nicht wissen, wie man einzelne Lebensmittel essbar macht, geben die Marktverkäufer Ihnen gern Auskunft. Lassen Sie alles Komplizierte und Überflüssige weg, vor allem unverständliche Gewürzmischungen! Am Anfang werden Sie eventuell noch etwas mehr Salz und Pfeffer brauchen – Ihre Geschmacksnerven sind noch taub und Ihre Nase riecht nichts. Das verändert sich aber spätestens nach zwei Wochen.

Einfach essen meint aufmerksam genießen! Führen Sie Löffel für Löffel, Gabel für Gabel zum Mund, schnuppern Sie, tasten Sie, schmecken Sie, schlucken Sie, eines nach dem anderen! Sie werden eine Explosion von Sinneseindrücken erleben! Plötzlich schmecken die Mohrrüben geradezu süß, die Kartoffeln vollmundig

wie Schokolade, die Petersilie wie ein ganzer Garten in Ihrem Mund, der ungewürzte Reis schmeckt nussig, der Käse zieht sich auf Ihrer Zunge wie salziges Kaugummi. Trauen Sie sich, auch mal nur ein Lebensmittel zu kochen und zu probieren. Nur Kartoffeln? Kartoffeln pur! Nur Rüben? Rüben pur!

Es ist ein Erlebnis! Nehmen Sie sich die Zeit, Ihren Sinneseindrücken Worte zu verleihen! Wie schmeckt das Gegessene genau? Wie riecht es? Wie sieht es aus? Wie fühlt es sich an? Verleihen Sie Ihrer Fantasie Flügel! Verwandeln Sie Ihre sinnlichen Eindrücke in Poesie!

Anregung: Kreative Essensfantasien

Nehmen Sie Papier und Stift zur Hand und unterteilen Sie das Blatt in fünf Spalten:

- Notieren Sie in der ersten Spalte Gemüse, Obst, alle „echten" Hülsenfrüchte (Bohnen ...), die sogenannten Hülsenfrüchte (Reis, Hirse …) und Nüsse, die Sie kennen.
- In den folgenden vier Spalten sammeln Sie jeweils deren Farbe, Geschmack, Konsistenz und Duft. Versuchen Sie, sich zu erinnern, und rufen Sie sich die gesammelten Eigenschaften vor Ihre Augen, in Ihre Nase, auf Ihre Zunge.
- Anschließend nehmen Sie sich noch einen Moment Zeit, um Kombinationen herzustellen: Angenommen, es gäbe einen Tag lang nur Orangefarbenes zu essen. Was würden Sie wählen und kombinieren? Warum? Passt das geschmacklich und von den Gerüchen zusammen? Probieren Sie, sich ebenso einen Rot-Tag, einen Weich-Tag, einen Knusprig-Tag vorzustellen. Lassen Sie Ihre Gedanken schweifen und erlauben Sie Ihrer Fantasie, ein wenig mit der Vorstellung von besonderen Esstagen zu spielen! Wenn Sie mögen, laden Sie einen Freund zum Mitdenken ein – vielleicht inspiriert Sie die eine oder andere Kombination sogar zum wirklichen Nachkochen?

Bevor Sie dann später beginnen, komplexere Gerichte zu kochen, überlegen Sie sehr gut, worauf Sie noch ungestillten Hunger haben. Ist es wirklich mehr und anderes Essen? Oder hungert es Sie eher nach mehr mentaler, emotionaler oder sozialer Nahrung? Bauen Sie Ihren Ernährungsgarten entsprechend und bewusst aus und essen Sie einfach!

Glücklich-erschöpft versunken

Können Sie sich an das letzte Mal erinnern, als Sie nach einem langen Arbeitstag voller Anstrengungen und Herausforderungen nach Hause gekommen sind und sich einerseits abgrundtief erschöpft und doch gleichzeitig glücklich grinsend im Spiegel begegneten? Wissen Sie noch, wie Sie sich fühlten, als nach einem Renovierungskraftakt alle Zimmer frisch gestrichen leuchteten, Sie nach 42 Kilometern Marathonstrecke endlich durch das Ziel liefen, Ihre letzte große Veranstaltung genauso rund lief, wie Sie sich das erhofft hatten, Sie nach langen Diskussionen endlich gemeinsam eine Lösung fanden? Erinnern Sie sich an das Hochgefühl, das sich in solchen Momenten einstellte? Erinnern Sie sich an die Erschöpfung?

Wir kennen zwei Erschöpftseins-Zustände: erschöpft-erschöpft und glücklich-erschöpft. Erschöpft-erschöpft meint, innerlich wie äußerlich, mental, emotional und körperlich ausgelaugt zu sein. Nichts geht mehr, man fühlt sich rundherum grau, verkriechen im Bett scheint das einzige noch erstrebenswerte Ziel zu sein. Das ist kein angenehmer Zustand.

Glücklich-erschöpft bezeichnet dagegen den Zustand, in dem Sie sich einerseits ausgelaugt und müde fühlen – vor allem körperlich –, andererseits zugleich glücklich sind, sich als schwebend und beschwingt erleben.

Ein typisches Beispiel – das viele kennen – ist der glücklich-erschöpfte Zustand nach einer anstrengenden Fitnessstunde. Auch ein Stadtbummel im Urlaub kann uns, trotz einiger Kilometer Fußmarsch, in einen Zustand des Glücklich-erschöpft-Seins versetzen, während eine Einkaufstour in die Stadt uns erschöpft-erschöpft zurücklässt.

Wie kommt das? Warum machen uns manchmal große Anstrengungen nichts aus? Suchen wir sie sogar bewusst? Warum sind wir danach glücklich-erschöpft und nicht nur erschöpft-erschöpft?

Glücklich-erschöpft im Talentbereich

Menschen, die in ihrem persönlichen Talentbereich wirken (können), erleben häufiger den Zustand des Glücklich-erschöpft-Seins. Im Feld ihrer persönlichen Begabungen erbringen sie scheinbar mühelos hervorragende Resultate. Komplimente zu Leistungen in diesem Bereich bereiten ihnen Unbehagen, da sie selbst davon überzeugt sind, etwas ganz Selbstverständliches, Normales zu tun (wie atmen). Eine Belohnung – auch in Form von Anerkennung – ist für sie überflüssig. Im Bereich unserer Begabungen sind wir mit Leichtigkeit gern produktiv und kreativ, ohne uns zu erschöpfen. Arbeit empfinden wir zwar vielleicht als ermüdend, aber nicht als mühsam. Wenn man im Bereich seines Talents hart gearbeitet hat, fühlt man sich hinterher immer glücklich-erschöpft.

● Aufmerksam um der Sache selbst willen

Mihaly Csikzentmihalyi hat dieses Phänomen in seinem aufsehenerregenden Buch *Flow: Das Geheimnis des Glücks* ausführlich beschrieben. Zum Glücklichsein braucht es nach seinen Studien acht Komponenten. Eine davon scheint, so der Autor, unter allen die wichtigste zu sein, die autotelische Erfahrung: „Der Begriff ‚autotelisch' leitet sich von zwei griechischen Worten ab: autos bedeutet selbst, telos Ziel. Es bezeichnet eine sich selbst genügende Aktivität, eine, die man ohne Erwartung künftiger Vorteile ausübt, sondern einfach, weil sie an sich lohnend ist. […] Bei einer autotelischen Erfahrung schenkt man […] der Sache um ihrer selbst willen Aufmerksamkeit. Wenn dies der Fall ist, zentriert sich die Aufmerksamkeit nicht auf deren Folgen." „Fein", wird der eine oder andere jetzt denken, „glücklich-erschöpft möchte ich auch lieber sein als erschöpft-erschöpft, und wenn autotelische Erfahrungen zum Glücksgefühl beitragen, möchte ich diese auch machen. Was muss ich tun?"

Was ich tue ganz in Ruhe und mit Mut, das wird gut.

Motto der Waldorfschulen

Die Sache ist verzwickt: Wir sind so sehr darin geübt, all unsere Tätigkeiten in zählbaren Ergebnissen, vorzeigbaren Erfolgen, eingesparten Kosten und optimaler Produktivität, in Wenn-dann-Zusammenhängen und durch getaktete Zeiteinheiten zu kategorisieren, dass es uns fast unmöglich scheint, diese Kategorien zu verlassen. „Was muss ich tun, damit ich zu mehr ... komme?" ist schon ein Beispiel unserer Denkgewohnheiten. „Was muss ich, tun, damit ..." entzieht jeder möglichen Idee einer zweckfreien autotelischen Erfahrung schon im Keim die Grundlage.

● Die Antwort: sich versenken!

Versenken Sie sich in Ihr Tun, ohne an die Folgen, an den möglichen Lohn oder an eventuelle Ergebnisse zu denken! Zu einer autotelischen Erfahrung im Tun kommen wir nur, wenn wir das Ergebnis – und uns selbst – währenddessen aus dem Blick verlieren. Wir tun, um zu tun, es gibt in diesem Augenblick des Handelns kein Ziel, kein angestrebtes Ergebnis mehr. Wir tun etwas mit allen uns zur Verfügung stehenden Kräften und so gut, wie es uns irgend möglich ist. Das Tun selbst ist das Ziel, unsere Aufmerksamkeit konzentriert sich auf den Augenblick.

Dabei ist nicht nur körperliches Tun gemeint, sondern jegliche menschliche Aktivität, ob denken, hören, planen, produzieren, formulieren, präsentieren, bauen oder anderes. Autotelische Erfahrungen sind deshalb in allen Lebensbereichen und jederzeit möglich: Der Arzt findet sich am Ende einer Operation glücklich-erschöpft wieder, der Schüler nach der Ausarbeitung eines langen Referates, der Steinsetzer am Ende einer frisch gepflasterten Auffahrt, die Verkäuferin nach einem Tag intensiven Verkaufens, der Hobby-Kapitän nach einem Törn mit seinem Boot. Sie alle haben während ihres Tuns Zeit und Raum, Ziel und Ergebnis, sich selbst und die anderen aus den Augen verloren und sich vollständig in ihr Tun vertieft.

Wenn sie nach Hause kommen, fühlen sie sich mit großer Wahrscheinlichkeit glücklich-erschöpft.

Wenn es Ihnen also gelingt, sich selbst in Ihre gewöhnlichsten täglichen Verrichtungen zu versenken, sozusagen „mit dem ganzen Herzen" und aller Konzentration jeweils bei der Sache zu sein, dann ermöglichen Sie sich autotelische Erfahrungen, die zu Ihrem Glücksgefühl beitragen. Auf den Punkt gebracht ist die Antwort auf die Frage „Was muss ich tun?" also: „Sich Ihrem Tun ganz und vollständig widmen!"

Anregung: Ihre Glücklich-erschöpft-Tätigkeiten

Überlegen Sie: Gibt es eine Tätigkeit in Ihrem Alltag, Ihrem Leben, privat oder beruflich, die Sie auf Ihre Weise nur deshalb so ausüben (oder ausgeübt haben), weil es Ihnen Freude bereitet, weil Sie sich dafür interessieren? Ist da etwas, das Sie tun und weiter tun werden, ohne dass Sie einen Lohn in Form von Anerkennung oder Materiellem dafür erwarten? Etwas, das Sie machen, weil es Ihnen wichtig ist? Wie fühlen Sie sich dabei und danach? Erleben Sie das Gefühl des Glücklich-erschöpft-Seins? Wie äußert sich das bei Ihnen? Wie fühlt es sich an? Sammeln Sie Ihre Tätigkeiten – und die gemachten Erfahrungen währenddessen – auf einem Blatt Papier.

Zu arm, um billig einzukaufen

Unsere Großmütter behaupteten noch, sie seien zu arm, um billiges Zeug zu kaufen. Was obskur klingt, beinhaltet eine einfache Einsicht, die im Zusammenhang mit der ersehnten Entschleunigung unseres Lebens einmal zu überdenken lohnt. Schauen wir uns zuerst den rechnerischen Aspekt der Behauptung an:

• Der tatsächliche Preis minderwertiger Dinge

Die ursprüngliche Rechnung war ganz pragmatisch und einfach gedacht: Qualität hat einen Preis. Kaufe ich etwas zu einem geringen Preis, erhalte ich weniger Qualität. Weniger Qualität bedeutet kürzere Lebensdauer. Nach kurzer Zeit muss ich also den Gegenstand ersetzen und einen neuen kaufen. Das kostet erneut Geld. Kaufe ich also gleich einen hochwertigen Gegenstand, spare ich

Geld für die Neuanschaffung. Sie werden vielleicht denken, dass das eine Milchmädchenrechnung ist: Dreimal ein Kleidungsstück für 20 Euro in drei Jahren kostet doch genauso viel, wie einmal in drei Jahren eines für 60 Euro zu kaufen! Vordergründig mag das stimmen, dennoch ist das zu kurz gedacht: Drei minderwertige statt ein hochwertiger Gegenstand verursachen zusätzlich:

- Rohmaterialverbrauch (zum Beispiel Baumwolle, Wolle oder Erdöl für Kunstfasern)

- Prozessmaterialien (Wasser, Farbe)

- Umweltschäden (Abwasser, Abgase)

- Herstellungszeit

- Transport- und Verpackungsaufwand

- Lageraufwand

- Verkäuferstunden

- Fahrtzeit (Ihre zum Laden)

- Gedankenzeit (Passt das dazu?)

- Anschaffungszeit (probieren, entscheiden, kaufen)

- Erholungszeit (Einkaufen ist anstrengend!)

- Reparaturaufwand (Entfällt heute meist, da wir Socken nicht mehr stopfen, aufgegangene Nähte nicht mehr schließen und Eingelaufenes nicht mehr verlängern, sondern gleich den gesamten Gegenstand entsorgen, um ihn durch einen neuen ersetzen.)

Manche der oben genannten Neuanschaffungsaufwendungen bezahlen andere Menschen in fernen Ländern, manche bezahlen wir selbst in Zeit und Geld, die Ressourcenverschwendung und Umweltschädigungen bezahlen unsere Nachfahren.

Mit der Rechnung 3 x 20 Euro = 1 x 60 Euro kommen wir also keinesfalls aus. Was günstig aussieht, erweist sich bei näherer Betrachtung in Wirklichkeit als sehr teuer. Billig einzukaufen ist in der Tat etwas für Menschen mit viel Zeit und Geld, das kann sich nicht jeder leisten!

● Die Folgekosten jeden Kaufs

Soweit der Kosten- und Ressourcenaspekt. Es gibt aber noch einen anderen Grund, Dinge mit Bedacht auszuwählen und anzuschaffen. Der durchschnittliche (!) Mitteleuropäer besitzt heute 25000 Gegenstände. Das sind 25000 Gegenstände, die er nicht nur erarbeitet und bezahlt hat, sondern die nun auch gewartet, versichert, entstaubt, gepflegt, repariert, mit Batterien versehen UND benutzt werden wollen.

Wir arbeiten nicht nur für die Anschaffung unseres Besitzes, sondern vom Tag des Erwerbs an auch für seine Lagerung, Ordnung und Pflege – ja sogar für seine Entsorgung.

Je mehr wir besitzen, umso mehr sind wir verpflichtet, uns um den Besitz zu kümmern.

Stellen Sie sich einmal vor, auf jedem Schnäppchen, das Sie im Vorbeigehen „mitnehmen", wäre neben dem scheinbar supergünstigen Kaufpreis auch der Folgeaufwand vermerkt, den Sie für einen Gegenstand betreiben! Neben dem Kaufpreis läsen Sie schwarz auf weiß, wie viel Energie, Aufmerksamkeit und Ressourcen das Ding während seiner Lebenszeit im Schnitt von Ihnen direkt oder indirekt beansprucht.

Wären Sie immer noch bereit, „mal eben schnell" ein weiteres Teil zu kaufen, weil es gerade so günstig ist? Würden Sie mit diesem Bewusstsein, sich einen weiteren materiellen Vampir in Ihr Leben zu holen, nicht viel kritischer auf die Dinge schauen?

Aus gutem Grund hat bisher kein Hersteller einen entsprechenden Hinweis auf seinen Gütern vermerkt. Allerdings gibt es erste

Bemühungen, zumindest den Material- und Ressourcenaufwand in unser Bewusstsein zu rücken. Ein Hinweis auf die verbrauchte Menge an Wasser und Energie soll uns diesbezüglich aufmerksamer werden lassen.

● Besitz bindet

Je mehr Gegenstände wir in unseren Besitz nehmen, desto mehr Gegenständen gegenüber verpflichten wir uns zum Dienst. Und je mehr Dienste zu verrichten wir uns verpflichten, desto schneller müssen wir uns drehen, um allen gerecht zu werden.

Im Nu unterhalten wir auf diese Weise in mehrfacher Hinsicht (finanziell, mental und zeitlich) zahlreiche Gegenstände, von denen viele uns nichts bedeuten, weil sie beliebig und austauschbar sind. Sie sind nicht durch langjährige Benutzung geschmeidig und passend geworden – weil sie vorher aus dem Leim gingen. Wir mögen sie schon bald nicht mehr leiden – weil sie einer Modelaune entsprachen, nicht aber uns selbst.

Lohnt es sich nicht, zweimal hinzuschauen, ob ein Gegenstand den Folgeaufwand auch rechtfertigt? Belohnt er unsere Pflege mit langer Lebensdauer? Wird er uns Freude bereiten? Wird er uns nützen oder nur unnütz in der Ecke liegen?

„Ach, hier und da mal eine Kleinigkeit, das macht doch nichts!", denken Sie? Es macht etwas aus: 365 Tage mal einen kleinen Gegenstand nach Hause getragen, summiert sich zu einem Haufen von 365 Gegenständen. In drei Jahren buhlen so 1095 Gegenstände um Ihre Aufmerksamkeit – ganz zu schweigen von dem Geld, das Sie sich erarbeitet haben, um die Gegenstände zu bezahlen. Denn entgegen dem landläufigen irreführenden Sprachgebrauch „holen" wir nicht wirklich Dinge aus den Geschäften, sondern wir kaufen sie. Das Wort „holen" suggeriert, dass es keinen Gegenwert zu entrichten gilt, es suggeriert eine einseitige Bahn. Dem ist aber nicht so: Es ist eine zweispurige Bahn: Geld gegen Gegenstand – und Pflegedienst!

● Das gönne ich mir!

„Ab und zu muss man sich auch mal etwas gönnen!", meinen Sie? Ja und nein! Mit dem Erwerb von qualitativ minderwertigen Dingen gönnen Sie sich gar nichts. Im Gegenteil: Sie bestrafen sich! Wenn Sie sich wirklich etwas gönnen und etwas für Ihre Lebensqualität tun wollen – dann werfen (oder schenken) Sie lieber einen nie benutzten Gegenstand weg!

Und wenn Sie doch unbedingt einen neuen Gegenstand in Ihren Besitz nehmen möchten, dann suchen Sie sich einen von guter Qualität aus, einen, den Sie sich zu eigen machen können und für den Sie gern bereit sind, in Zukunft zu sorgen. Der Vergleich mit einem Haustier ist gar nicht so abwegig: Sie fragen sich doch auch VOR der Aufnahme einer Katze, ob Sie bereit sind, in Zukunft täglich für den neuen Mitbewohner zu sorgen, in guten wie in schlechten Zeiten? Sind Sie auch bereit, den Folgeaufwand für das neue Kleidungsstück, den neuen Rasenmäher und die schicke Kaffeemaschine zu übernehmen? Ist es nicht sinnvoll, diese Überlegung VOR dem Kauf anzustellen?

Wenn Sie sich aus dem Dienst an Ihren Gegenständen befreien möchten, reduzieren Sie deren Anzahl und wählen Sie beim Kauf nur Dinge von hervorragender Qualität aus. Erinnern Sie sich, dass neben dem Preis auf dem Schildchen noch etwas (in Geheimschrift) steht: der Folgeaufwand des Pflegens, Lagerns und Wartens sowie der Ressourcenverbrauch für diesen Gegenstand – und ganz zu schweigen von dem Verdruss, den er Ihnen bereiten wird, wenn er mehr zu sein scheint, als er ist. Den Folgeaufwand spüren Sie sofort, wenn Sie neue Gegenstände in Ihren Besitz nehmen, den Ressourcenverbrauch merken spätestens Ihre Nachkommen. Richten Sie also Ihren Fokus auf Gegenstände, die Sie langfristig unterstützen, Ihnen ein Wohlgefühl vermitteln, als Werkzeuge nutzbar sind, lange genug halten, um Ihnen vertraut zu werden, Ihnen ein Gefühl von Zuhause geben und die es wert sind, sie zu unterhalten.

Zwischenzeiten wertschätzen

Zwischen den Phasen der Aktivität und Aufmerksamkeit hat die Natur uns Pausen auferlegt, die wir (bisher) weder wegzurationalisieren noch effizienter zu verplanen vermochten: die Zeit des Schlafes. Verkürzen wir diese Zwischenzeit des Nicht-Planens und Nicht-Bewussten, hat das unmittelbare Folgen für unser Wohlbefinden und unsere Lebensfreude. Was für die Schlafenszeit akzeptabel ist, gilt aber auch für alle anderen Zwischenzeiten. Wenn wir vom einen zum anderen übergehen, ohne Zeit zum Verdauen und Verarbeiten des Erlebten, dann wird zunehmend egal, was vor uns liegt. Wir schalten in den Überlebensmodus.

Ohne Ende – ohne Anfang

Unversehens besteht unser Tun nur noch aus sich nahtlos aneinanderreihenden „Herausforderungen", ein immerwährendes Strampeln und Laufen, Hetzen und Hinterhereilen. Doch wo findet das Feiern der zurückgelegten Wegstrecke, das gemeinsame Ankommen, das Abschiednehmen von Vergangenem, das Rekapitulieren des eigenen und gemeinsamen Tuns, das Lernen und das Besinnen statt? Wir haben das Ende des Fadens wegrationalisiert – aber auch den Anfang: Wann ist die Zeit für die Vorbereitung, die Sammlung der Kräfte für Neues, die Suche nach den besten Antworten auf die anstehenden Fragen?

● Europa in sieben Tagen

Im beschleunigten Alltag – vor allem im Arbeitsalltag – benehmen wir uns ein wenig wie die Touristen aus der Ferne, die „Europa in sieben Tagen" abarbeiten. Wir reisen und reisen, befinden uns hauptsächlich auf der Straße zum nächsten Ziel, aber wenn endlich dort angekommen, nehmen wir uns kaum die Zeit, dieses auch zu erkunden. Wir hetzen durch – um im Bild zu bleiben – die Sehenswürdigkeiten, an den Menschen und den Chancen wertvoller Begegnungen sowie der Wirklichkeit vorbei, nur um pünktlich wieder in den Reisebus zu steigen, der uns auf schnellstem Weg über die Autobahnen zur nächsten Station bringt. Auf diese Weise schaffen wir zwar „Europa in sieben Tagen", aber was haben wir gesehen, was nehmen wir mit, was bleibt in unserem Gedächtnis?

● Laufen mit Bodenhaftung

„Der Weg ist das Ziel", wird uns beigebracht. Aber was ist der Weg? Der Weg meint das Gehen. Das Gehen ist das, was wichtig ist. Aber zum Gehen, wenn wir es genau bedenken, gehört der Wechsel von Fuß heben, Fuß nach vorn bewegen,

Fuß absetzen, anderen Fuß heben, Fuß nach vorn bewegen, Fuß absetzen … Gehen besteht aus einer stetigen Abfolge von Heben, Bewegen und Absetzen. Selbst beim schnelleren Laufen wird diese Folge eingehalten. Die Abfolge von Heben, Bewegen und Absetzen ist schneller, das Verweilen des Fußes auf dem Boden zwischendurch kürzer, aber nichtsdestotrotz: Mit einem Fuß haben wir immer für einen Moment Bodenhaftung. Nehmen wir also „Der Weg ist das Ziel" im umfassenden Sinn genau, so gehört zu diesem Weg unbedingt auch das Verweilen, die Zäsur zwischen den Vorwärtsbewegungen. „Der Weg ist das Ziel" kann somit nicht als Begründung für ein Eilen ohne Pausen von Aktivität zu Aktivität, von Auftrag zu Auftrag, von Maßnahme zu Maßnahme oder gar von Thema zu Thema herhalten. Vielmehr ist „Der Weg ist das Ziel" eine Erinnerung für uns, die Pausen, die Zeiten zwischen den Schritten, einzuhalten, um die Bodenhaftung nicht zu verlieren.

● Verpönte Zwischenzeiten

Das Rennen können die meisten von uns heute gut. Es ist uns in Fleisch und Blut übergegangen, immer und stetig aktiv zu sein. Für hohe Produktivität und große Geschwindigkeit braucht sich niemand zu rechtfertigen, im Gegenteil. Größtes Verständnis, wenn nicht sogar Achtung schlägt denjenigen entgegen, die ständig viel beschäftigt und am Rennen sind. Das gilt für Organisationen und Betriebe genauso wie für den Einzelnen. Schwieriger wird es, wenn wir eine Auszeit für das Feiern (oder Betrauern) eines Endes oder zum Einstimmen auf einen Anfang beanspruchen. Wenn uns jemand erklärt, dass er demnächst nicht mehr in seiner Firma arbeiten werde, noch keinen neuen Vertrag habe und sich damit auch noch einige Monate Zeit lassen wolle, um Abschied zu nehmen und sich neu auszurichten, sind wir umgehend misstrauisch und fragen uns insgeheim, ob hier von Wollen oder von Können die Rede ist. Wir überlegen – manchmal auch laut –, ob er sich das denn leisten kann, ob das gut für den Lebenslauf ist, was es da zu bedenken gibt und anderes mehr. Unser Denken ist auf möglichst kontinuierliche

Leistungsfähigkeit und Produktivität ausgerichtet und wird häufig zudem von der Angst des Nicht-mehr-mithalten-Könnens beziehungsweise Existenzängsten gelenkt. Und obwohl selten offen und direkt darüber gesprochen wird, führen wir die Diskussion über die Rechtmäßigkeit von Zwischenzeiten dauernd – zumindest im Stillen mit uns selbst.

Die eigentlichen Epochen im Leben ...

sind jene kurzen Zeiten des Stillstandes, mitten inne zwischen dem Aufsteigen und Absteigen eines regierenden Gedankens oder Gefühls. Hier ist wieder einmal Sattheit da: Alles andere ist Durst und Hunger – oder Überdruss.

Friedrich Wilhelm Nietzsche

● Zwischen nicht mehr und noch nicht

Dabei täten wir gut daran, von vornherein die Zwischenzeiten mit zu bedenken. Sowohl in einem Betrieb als auch in kleineren privaten Gemeinschaften und nicht zuletzt mit uns selbst ist die Vereinbarung einer Zwischenzeit nach Abschluss der einen und vor Beginn einer nächsten intensiven Belastungsphase wichtig! Wir wissen auch, dass nach einer anstrengenden, schnellen Phase eine Zeit des Feierns, des Abschiednehmens, des Besinnens, vor allem aber des Ruhens vor dem nächsten Schwungholen und vor Beginn einer neuen schnellen Phase kommen wird.

Darauf können wir uns verlassen, uns freuen und darauf können wir dann aufbauen – im wahrsten Sinne des Wortes.

Anregung: Lassen Sie Zwischenzeiten zu

Finden Sie in Ihrem vergangenen, Ihrem gegenwärtigen und Ihrem zukünftigen Leben die Zwischenzeiten! Zwischen welchem Ende und welchem Anfang liegen diese jeweils?

Benennen sie alle drei Phasen – die Leistungs- oder Anspannungsphase, die darauf folgende Leistungs- oder Anspannungsphase und vor allem die Zwischenzeit nach dem Ende der einen und vor dem Anfang der anderen. Arbeit – Urlaub – Arbeit ist zu knapp. Versuchen Sie, sich genauer zu erinnern beziehungsweise auszudrücken, zum Beispiel: „April 2011: Bau des Prototyps xyz/Werkstatt aufräumen/Dokumentation anfertigen/nichts tun/ neuen Auftrag abc akquirieren."

Wenn Sie weder in Ihrem vergangenen noch in Ihrem zukünftigen Leben Zwischenzeiten finden, könnten Sie überlegen, wo Sie zumindest in Zukunft Zwischenzeiten noch einplanen könnten! Versuchen Sie sich zunächst an kleinen Zäsuren, dann an größeren. Wie lange sollen sie dauern? Wie könnten Sie den Raum der jeweiligen Zwischenphase gestalten? Was würden Sie sich von der Zwischenphase wünschen? Erholung? In Ruhe trauern können? Rekapitulation des Abgeschlossenen? Zeit zum Nachdenken über die nächsten Schritte? Nichts tun? Geht es eventuell sogar um eine unfreiwillige Zwischenpause? Wunderbar! Welch ein Geschenk! Was werden Sie tun, um sich die kostbare Zwischenzeit als solche zu erhalten?

Folge dem Fluss

Um den Unterschied zwischen freier Zeit und Freizeit zu untersuchen, lassen Sie uns zuerst einen Ausflug in die Landschaft machen. Wir leben in einem Land der Flüsse. Fast jede größere Stadt in Deutschland liegt an einem Fluss. Das mal träge, mal geschwind dahinfließende Wasser unserer Flüsse und Bäche ist Teil unseres Lebensgefühls. Wir haben vielfältige Bezüge zu unseren Fließgewässern ausgebildet: Wir baden darin, wir transportieren Güter auf ihnen, wir überqueren die Ströme, legen Tunnel unter ihnen hindurch, wir bauen Dämme und verfluchen die Fluten – und genießen denselben Fluss anderntags, wenn wir an seinem Ufer sitzen und träumen.

● Wasser folgt der Schwerkraft

„Das Wasser sucht sich seinen Weg!", heißt es. In großen Schlaufen und Kurven durchziehen die Flüsse unsere Landkarten, sie mäandern. Ihre Wege verlaufen nicht schnurstracks von A nach B, sondern bewegen sich in großen Bögen und auf mancherlei Umwegen von A in Richtung B.

Der direkte Weg wäre kürzer, gemessen in Kilometern, der mäandernde, suchende, sich ständig verändernde Lauf des Flusses dagegen ist ungleich länger. Das war uns im Zuge der allgemeinen Produktivitätssteigerung ein Dorn im Auge. Auch die Flussläufe

hatten sich dem Diktat der Geschwindigkeit und der Effizienz unterzuordnen.

Nur wenigen Strömen ließen wir die Freiheit, sich ihren eigenen Weg zu suchen, in großen Schlaufen träge durch das Land zu ziehen. Die meisten Läufe wurden begradigt und reguliert, eingedämmt und vertieft, auf dass wir schneller darauf fahren können und die Transportkosten und -zeiten sinken. Der Rhein zum Beispiel mäanderte einst auch in üppigen Schlaufen durch die Landschaft. Zum Ende des 20. Jahrhunderts schließlich wurden auch die letzten „freien" Teilstücke so weit wie möglich begradigt und auf den heute bekannten Verlauf gebracht. Die Folgen der Eingriffe sind enorm, im Guten wie im Schlechten. Durch die Begradigung gewann zwar der Schiffsverkehr an Effizienz, aber zugleich wurde der Fluss sehr viel schneller. Das durch die geraden Strecken fast wie in einer Eisrodelbahn dahinschießende Wasser nimmt so viel Material vom Grund mit, dass das Flussbett kontinuierlich tiefer wird – und dadurch dem umliegenden Land das Grundwasser entzieht. Jedes Jahr werden Tausende Kubikmeter Kies in den Fluss geschüttet, um die Fließgeschwindigkeit des Rheins künstlich wieder zu verlangsamen.

Auch andernorts haben wir dazugelernt. Deregulierung der Gewässer, Renaturierung und Artenvielfalt sind die Themen eines umfangreichen und aufwendigen Maßnahmenkatalogs, mit denen wir in den letzten Jahren versuchen, unseren Flüssen wieder ihr über Millionen von Jahren bewährtes Prinzip des Mäanderns zuzugestehen.

● Das Prinzip des Mäanderns

Das Prinzip des Mäanderns ist uralt. Es lässt sich an vielen Stellen in der Natur – und auch in unserem Alltag – beobachten. Besonders augenfällig sind die Beispiele, bei denen Wasser mit im Spiel ist – vielleicht weil Wasser sich in einer Geschwindigkeit fortbewegt, die wir als Bewegung gut wahrnehmen können.

Lassen wir Wasser auf eine Glasscheibe tropfen oder beobachten die herunterlaufenden Regentropfen am Fenster, so sehen wir die suchenden Bewegungen sofort. Niemals geht Wasser auf offener Fläche den direkten, kürzesten Weg von A nach B. Immer nimmt es Umwege in Kauf, fließt ein wenig nach rechts, ein wenig nach links, ein wenig zurück, sucht den besten Weg, macht Entdeckungen …

Und doch: Es bewegt sich eindeutig in die Richtung, welche die Schwerkraft ihm weist, und es kommt, wenn genug Nachschub fließt, immer an.

● Raum für die Umwege

Wie den Lauf der Flüsse so haben wir in den letzten Jahrzehnten auch unseren Alltag erfolgreich reguliert, ausgerichtet, begradigt. Nur selten gelingt es uns, einfach nur träge dem Gang der Dinge zuzusehen, die Stunden über die Ufer unserer Terminkalender laufen zu lassen, unsere vielen Aufgaben zur Seite zu schieben, die Handys auszuschalten und uns gelassen auf dem Strom der Zeit treiben zu lassen. Sorgsam auf das Optimum an Leistungsfähigkeit, Kosteneffizienz und Produktivität ausgerichtet und durch allerlei coole Technik dabei unterstützt, planen, organisieren, strukturieren und beobachten wir jede Stunde und jeden Handschlag, unseren eigenen sowie den anderer auch. Und alles kann nicht schnell genug gehen, könnte noch verbessert, effizienter und parallel mit anderem erledigt werden.

Was uns am Anfang unseres Lebens noch willkommene Abwechslung und Herausforderung schien, wird uns immer mehr zur Gewohnheit. Mäanderten wir in unserer Ausbildung vielleicht noch voller Energie in abenteuerlichen

Schleifen von A in Richtung B, so sausen wir mit zunehmendem Alter immer schneller und zielgerichteter von A nach B: Wir haben unser Leben im Griff – und es hat uns im Griff. Dass unsere Tage ordentlich durchgeplant sein müssen bis auf die letzte Minute, nehmen wir als Selbstverständlichkeit hin und vergessen mit der Zeit, wie es anders gehen könnte. Wie der Esel hinter der vorgehaltenen Mohrrübe herhechelt, so lassen wir uns durch gesellschaftliche Anerkennung unserer Erfolge, manch materielle Belohnung und nicht zuletzt unsere Gier zu immer schnelleren Gangarten verleiten. Umwege sind überflüssiger Luxus, den wir meinen uns nicht leisten zu können. Von lustvollem Mäandern kann hier längst keine Rede mehr sein.

Die alteingesessenen Flussanrainer wussten es schon immer: Damit bestimmte Pflanzen in Ufernähe gedeihen können, braucht es Überschwemmungen, die Nährstoffe aus dem großen Fluss in die Wiesen tragen. Indem wir Dämme bauen, um die lästigen Überschwemmungen zu verhindern, schneiden wir diese natürliche Nährstoffzufuhr ab und verursachen das Verkümmern der Pflanzen. Sorgen Sie in diesem Sinne für Freie-Zeit-Schwemmen, indem Sie wenigstens manchmal – besser noch regelmäßig – die Dämme öffnen.

Eine Zeitschwemme kann absolut gesehen sehr klein sein – eine Viertelstunde am Tag oder auch länger, eine Stunde, ein Tag. Aber egal wie viel Raum Sie sich dafür geben – oder verschaffen können –, unternehmen Sie etwas, das Sie normalerweise als absolut nutzlose Zeitverschwendung bezeichnen würden: mit der Straßenbahn von einer Endstation zur anderen quer durch die Stadt fahren, im Rathaus mehrere Runden Paternoster fahren, im Park herumsitzen und Wolken beobachten, in die Nachbarstadt radeln und dort übernachten, für ein Stück Kuchen in eine entfernte Bäckerei laufen, einfach einmal losgehen ohne Ziel im Sinn. Verführen Sie sich zu Überflüssigem, zu einer Entdeckungsreise, und lassen Sie Ihren gut geregelten Zeitfluss häufiger über die Ufer treten und die Terminwiesen überschwemmen! Wann fangen Sie an?

● Einfach mal in den Tag hinein

Und dennoch: Die Erinnerung an den Luxus der scheinbar unnützen Umwege, an das Mäandern durch die Tage, vergessen wir nie ganz. Tief im Unterbewusstsein schläft die Sehnsucht nach der richtungslosen Bewegung, dem einfach nur so da sein ... Wenn Sie fragen, wovon die Rastlosen träumen, so werden Sie am häufigsten hören: „Einmal nichts müssen!" Haken Sie nach, was denn genauer gemeint ist mit „nichts müssen", so laufen die Antworten meistens auf Folgendes hinaus: „Morgens in meinem Bett aufwachen und überhaupt noch nicht wissen, was der Tag bringen wird, mich einfach treiben lassen, hierhin oder dorthin, vielleicht nur noch ein wenig schlafen, wer weiß – das wäre traumhaft!" Hören Sie das Plätschern des Wiesenbachs im Hintergrund? Sehen Sie den breiten Strom sich träge im Sonnenlicht dahinschieben? Hier wird kein regulierter Fluss im abgezirkelten Bett beschrieben. Dieser Wunsch klingt nach mäandernden Wegen, nach Schlendern ohne Ziel, nach überraschenden Zufällen und spontanen Einfällen. Und der Kern all dessen ist die

Planlosigkeit! Es soll für diesen einen Wunschtag keinen Plan, keine Struktur, keine Einteilung, keine Aufgaben und Verpflichtungen geben.

Nichts ist vorgesehen, kein Weg ist vorgezeichnet, ich darf mäandern, mit ungerichteten Bewegungen durch die Zeit schlendern, anhalten, wo es interessant erscheint, ruhen, wenn mir danach ist, springen und hüpfen, jagen oder rennen, wenn ich mag – oder auch nicht. Etwas Neues darf und kann sich entwickeln, muss aber nicht. Im wahrsten Sinne des Wortes ist dieser herbeigesehnte Tag ein freier Tag – er ist frei von Planung, Nutzen, von einem angestrebten Ergebnis und zu erbringender Leistung!

Anregung: **Mein Leben im Fluss**

Die Betrachtungen der Flüsse und des Verhaltens von fließendem Wasser laden dazu ein, Parallelen zu dem Gang unseres Lebens im Allgemeinen und unserer Tage im Besonderen zu ziehen.
Angenommen, wir betrachteten ein Menschenleben als einen Fluss. Der Fluss entspringt einer Quelle – wir werden

geboren. Er wächst von einem Rinnsal zu einem Bach – wir sind Kinder. Der Bach wird zu einem Fluss – wir werden erwachsen. Auf seinem weiteren Weg von einem Fluss wird er zum breiten Strom – wir gestalten unser Erwachsenenleben. Schließlich mündet er im weiten Meer – unser Leben endet. Wie sieht das Flussbett Ihres Lebens aus? Welchen Lauf nimmt Ihr Lebensfluss? Gibt es unterschiedliche Phasen, ist er manchmal reguliert, manchmal wild? Ist er uferlos oder eingedämmt? Nehmen Sie ein Blatt Papier und einen Bleistift und zeichnen Sie mit groben Strichen Ihren Lebensfluss wie auf einer Landkarte! Anschließend halten Sie die imaginäre Lupe auf einen Abschnitt. Sie zoomen sich in ein Jahr, einen Monat oder gar einen Tag und zeichnen den jeweiligen Flussabschnitt in starker Vergrößerung! Halten Sie den Stift am äußersten Ende locker zwischen Ihren Fingern und skizzieren Sie mit leichtem Strich den Lauf aus der Vogelperspektive! Nutzen Sie mehrere Blätter Papier, wenn nötig, und seien Sie großzügig!

Breiten Sie die Blätter anschließend auf dem Boden aus. Mit etwas Abstand können Sie die größeren Schlaufen und geraden Teilstücke besser in ihrem Zusammenhang und ihrer Abfolge erfassen. Erkennen Sie Muster?

Was halten Sie von Ihrem Lebens-/Alltagsfluss? Was würden Sie einer für Ihren Fluss zuständigen Landschaftsbehörde als Pflege- und Renaturierungsmaßnahme empfehlen? Sicherlich können Sie noch einige Schlaufen gerade ziehen. Doch wo könnten Sie mehr (!) Schlaufen in Ihren Tages- oder Lebensfluss bringen? Welche regulierten Zeiten könnten Sie „renaturieren" und zu freier Zeit für freies Spielen erklären? Sammeln Sie Ideen und machen Sie sich Notizen.

Freizeit oder freie Zeit?

Auch unsere Freizeit verbinden wir in der Regel mit geplanten Tätigkeiten, mit Aktivität – und auch wieder mit Ergebnissen und nutzvoller Verwendung. „Was machst du in deiner Freizeit?" Die Antwort „Nichts" begreifen wir in diesem Zusammenhang als unhöflichen Affront. Freizeit wird genutzt. Man benutzt sie für Hobbys. Sie wird geplant und ist verplant.

● Urlaubszeit?

Eine Spezialform der Freizeit ist die Urlaubszeit. Sie wird von vielen als eine Aneinanderreihung von kleinen Freizeiteinheiten verstanden – in Abgrenzung zur Arbeitszeit. Und weil sie so kostbar und kurz ist, versucht man, möglichst viel darin unterzubringen – viel Sonne, viel Spaß, viel Erholung, viele Sehenswürdigkeiten, viel Programm, viele Kilometer. Die Organisatoren von Kreuzfahrten, Aktivurlauben und Pauschalangeboten all inclusive versprechen uns größte Freiheiten, weil wir uns um nichts zu kümmern brauchen. Auf diese Weise reguliert und dirigiert in eine Abfolge von Aktivitäten, wird der Urlaub bestens ausgenutzt. Aber wie passen feste Essenszeiten, ein andauerndes Belustigungsprogramm und stramme Tagestouren mit unserer Sehnsucht nach Planlosigkeit, nach dem Mäandern, nach den richtungslosen Bewegungen, nach dem ziellosen Finden und Gefundenwerden zusammen? Erinnern Sie die Ankündigungen der Veranstalter nicht auch merkwürdig an den regulierten Rhein?

Mit zumindest gewohnter und der Arbeitszeit immer ähnlicherer Betriebsamkeit planen wir unsere Freizeit, um alsbald wieder leistungsbereit in die Alltagsbetriebsamkeit übergehen zu können. Die Tätigkeiten der Zeiten sind zwar verschieden, aber die wesentlichen Elemente von Takt, Rhythmus, Planung, Struktur und Zielgerichtetheit sind ähnlich. Es scheint, wir gestalten unsere Freizeit eher nach dem Vorbild betriebsamer Kanäle denn nach dem natürlichen Vorbild eines gemächlich durch die Landschaft mäandernden Flusses.

In dem lärmendsten Gewühl, ...

... mitten unter den Berauschungen des Lebens, die man sonst Glückseligkeiten zu nennen pflegt, waren mir doch immer jene Augenblicke die süßesten, wo ich in mein stilles Selbst zurückkehrte und in dem heiter'n Gefild' meiner schwärmerischen Träume herumwandelte und hier und da eine Blume pflückte.

Prentice Mulford

● Freie Zeit!

Im Gegensatz zur Freizeit verbinden wir mit „freie Zeit" echte Freiräume. Die Betonung liegt hier auf „freie", nicht auf „Zeit" wie bei „Freizeit". Wovon ist die freie Zeit frei? Für sie entwickeln wir vorher keinen Plan und keine Struktur. In unserer Vorstellung ist sie frei von Aufgaben und Pflichten. Wir können etwas tun, wir brauchen es aber nicht. Erinnern Sie sich? „Einmal nichts müssen!" war der Traum. Und: „Morgens in meinem Bett aufwachen und überhaupt noch nicht wissen, was der Tag bringen wird, mich einfach treiben lassen, hierhin oder dorthin, vielleicht nur noch ein wenig schlafen, wer weiß?", das war der Wunsch.

Die freie Zeit ist eine planlose Zeit. Sie ermöglicht das Nichts, aber sie besteht nicht darauf! Wenn Sie sich entschließen, doch irgendwann aufzustehen und Ihre Blumen zu gießen, den Freund anzurufen, das Dach zu reparieren, durch die Stadt zu bummeln, durch die Felder zu stromern, so lange aus dem Fenster zu schauen, wie Sie Lust dazu verspüren, dann mäandern Sie durch Ihren Tag und durch Ihre Zeit. Ein wenig gleicht dies dem Spiel der Kinder.

● Freies Spielen für Große

Wenn Kinder anfangen zu spielen, wissen sie noch nicht, wo ihr Spiel endet. Sie nehmen irgendein Spielzeug, das ihnen über den Weg läuft, sie beginnen dies und beenden jenes, wie es ihnen spontan in den Sinn kommt. Sie sind nicht effizient, sie optimieren ihr Tun nicht nach Produktivität, nach Nutzen, nach Geschwindigkeit. „Zweckfreies Spielen der Kinder", nennen es manche. Das klingt gut, klingt nach Spontanität, nach Chancen, nach nichts müssen, alles dürfen, nach freien Räumen und Leichtigkeit. Nennen wir unser Mäandern durch die freie Zeit doch entsprechend „Freies Spielen für Große". Freies Spielen für Große klingt nach einem herrlich planlosen Plan, oder? Alle Möglichkeiten sind eingeschlossen und können jetzt real werden.

Wie wäre es mit „Freies Spielen" als Idee für den nächsten Urlaub, das Wochenende, den Feierabend oder sogar die nächste Mittagspause?

● Im Wechsel von diszipliniert und in den Tag hinein

„Ja, aber ist die Unterscheidung von Freizeit und freier Zeit letztendlich nicht nur ein gedanklicher Kniff? Immerhin lässt mir mein Alltag kaum Zeit für Freizeitaktivitäten, und dass ich die knapp bemessene Freizeit dann auch gut ausnutzen will, das ist doch verständlich!", wird der eine oder andere an dieser Stelle vielleicht protestieren. Nein, es ist kein Kniff. Freizeit und freie Zeit unterscheiden sich wesentlich, vor allem durch das Maß der Planung und die Einladung des Unerwarteten.

Das Bild des in Schlaufen mäandernden Flusses oder das des freien Spielens der Kinder beschreibt die Kernidee von unverplanter und richtungsloser freier Zeit recht treffend. Das Bild des regulierten Kanals und das des Esels mit der Mohrrübe vor der Nase dagegen passt zu der gängigen Maxime unserer optimierten Freizeit und Arbeitszeit.

Freie Zeit gestalten wir nicht. Im Gegensatz zur Frei- und Arbeitszeit nutzen und füllen wir sie nicht. Wir sind stattdessen einfach in der freien Zeit, treiben auf ihr wie auf einem gemächlichen Strom oder werden von ihr auch einmal wie von Stromschnellen mitgerissen. Dabei geht es nicht um schwarz oder weiß, um entweder oder. Es wäre naiv, sich ausschließlich frei durch die Landschaft mäandernde Flüsse zurückzuwünschen, genauso wie es naiv war, zu glauben, wir könnten ohne Nebenwirkungen einfach alle Flüsse ausrichten und regulieren. Es geht um die Balance von bei-dem, um das Sowohl-als-auch. Beide, freie und regulierte Zeit, brauchen einen Platz in unserem Leben, und zwar in einem ausgewogenen Verhältnis.

Wir bewegen uns mittlerweile meistens im Tempo und innerhalb der Grenzen der regulierten Zeit. Realisieren wir aber Abschnitte von freier Zeit in unserem Lebensfluss, renaturieren wir sozusagen einen Teil der regulierten Zeit. Wir stellen – um im Bild zu bleiben – mäandernde Schlaufen her. Je häufiger uns dies gelingt, desto vielfältiger wird das Aussehen unseres Lebensflusses, im Großen wie im Kleinen.

Anregung: Gedichtinterpretation

Wofür steht das Blümlein in Goethes Gedicht *Gefunden?*
Es lohnt sich, darüber nachzudenken!

Ich ging im Walde
So vor mich hin,
Und nichts zu suchen,
Das war mein Sinn.

Im Schatten sah ich
Ein Blümlein stehn,
Wie Sterne blinkend,
Wie Äuglein schön.

Ich wollt es brechen,
Da sagt' es fein:
Soll ich zum Welken
Gebrochen sein?

Mit allen Wurzeln
Hob ich es aus,
Und trugs zum Garten
Am hübschen Haus.

Ich pflanzt es wieder
Am kühlen Ort;
Nun zweigt und blüht es
Mir immer fort.

*Johann Wolfgang von Goethe
(1749–1832)*

● Genussnischen schaffen

Während des laufenden Alltagsgeschäfts Lücken für freie Zeit zu finden, ist an sich schon Herausforderung genug. Wenn jemand, wie kürzlich in einem Forum im Internet beschrieben, um 9 Uhr morgens das Haus zur Arbeit verlässt, zweimal 15 Minuten Pause während des Tages hat und um 22 Uhr wieder nach Hause kommt, und das sechs Tage die Woche, dann sind die Möglichkeiten, Freizeit zu planen oder gar Lücken für freie, unverplante Zeit zu finden, rar. Dennoch: Zu resignieren und gar nichts für sich zu tun ist keine Alternative.

Beginnen Sie damit, winzig kleine freie Genussinseln von zum Bespiel 15 Minuten oder einer Stunde zu suchen, die Sie regelmäßig nur für sich reservieren. Reservieren Sie sie wirklich – in Ihrem Zeitplan. Viele Menschen reservieren für sich solch eine freie Genussinsel an jedem Morgen. „Die erste halbe Stunde des Tages gehört mir allein", berichtet zum Beispiel Sylvia H. „Da tue ich gar nichts, na ja, eigentlich bummele ich so durch das Haus, ich sitze mal auf der Fensterbank und schaue hinaus oder spiele mit den Katzen oder lese noch ein bisschen. Manchmal genieße ich einfach die Langeweile. Im Sommer gehe ich auch schon mal durch den Garten und schnuppere an den Rosen. Meine halbe Stunde morgens ist mir heilig, da will ich auch noch niemanden sehen oder hören! Danach kann dann kommen, was will, ich bin bereit!"

Während Sie sich auf Ihren Genussinseln befinden, folgen Sie ausschließlich dem Lustprinzip. Erlauben Sie sich, herumzubummeln, nichts zu tun, sich zu langweilen, etwas Musik zu hören, in die Luft zu gucken oder auch irgendetwas anderes, an dem Sie Freude haben. Nutzlos, unproduktiv, bummelig, langweilig sind erwünschte Attribute Ihres Verweilens auf der Genussinsel! Folgen Sie Ihrer Intuition!

Sie misstrauen sich und haben Sorge, Ihr kostbares Genussinselchen unversehens doch mit Aufräumen, dem Lesen der Post oder anderem Nützlichen zu verbringen? Mit einem kleinen Vorhaben, denken Sie, könnten Sie sich besser davon fernhalten? Auch gut – Nichtstun will geübt sein. Beginnen Sie also mit kleinen Vorhaben. Wann haben Sie das letzte Mal darüber nachgedacht, was Sie zu Ihrer Erheiterung, zur Beruhigung, für Ihre Sinne und voller Genuss tun könnten?

Den meisten Menschen fällt es sehr schwer, diese Frage („Wann haben Sie das letze Mal darüber nachgedacht, was Sie zu Ihrer Erheiterung, zur Beruhigung, für Ihre Sinne und voller Genuss tun könnten?") für sich zu beantworten. Sie sind nicht gewohnt, darüber nachzudenken, was sie am liebsten tun würden oder was sie als besonders inspirierend oder als genüsslich empfinden. Sie könnten Ihr erstes Genussinselchen nutzen, um eine Sammlung anzulegen mit Ideen für inspirierende, lustvolle und sinnliche Vorhaben. Vielleicht hilft es Ihnen bei der Suche, sich an glückliche Momente zu erinnern: Wann fühlten Sie sich glücklich, was trug zu Ihrer Zufriedenheit bei, wie waren die Umstände, wie war das Drumherum gestaltet, was haben Sie besonders genossen, was war inspirierend, was haben Sie getan, wer oder was tat Ihnen gut? Wovon träumen Sie? Halten Sie Ihre Ideen so, wie sie kommen, fest in einer „Sammlung für Genussinseln" – und vergessen Sie nicht, Zeitfensterchen allein für Genussinselchen zu reservieren.

Bedürfnisse erkennen und achten

Ob er in seinem Leben erreicht habe, was er sich vorgenommen hatte, wurde vor einigen Jahren ein Mann in fortgeschrittenem Alter von einer Pressevertreterin gefragt. „Oh ja", antwortete dieser. Er könne so lange aufbleiben, wie er wolle, spielen, mit wem er wolle, und Schokolade essen, wann immer er wolle. Hinter dieser auf den ersten Blick scherzhaft anmutenden Auskunft verbergen sich eine Reihe von Erkenntnissen und Entscheidungen, die offensichtlich klug und zur rechten Zeit getroffen beziehungsweise umgesetzt wurden.

Zur rechten Zeit das Richtige

„Alles hat seine Zeit", sagt man im Volksmund. In der Tat, es scheint bessere und schlechtere, geeignetere und ungeeignetere Zeitpunkte zu geben, Dinge zu tun – und Dinge nicht zu tun. Nicht immer sollte man jedes jederzeit einfach anfangen, erledigen, bedenken, vorantreiben, tun, nur weil man es theoretisch könnte. „Die Aktion stand von Anfang an unter keinem guten Stern", fasst in Worte, dass der Zeitpunkt für ein Unterfangen nicht weise gewählt war.

● Anforderungen auf dem Prüfstand

Während die Wichtigkeit einiger Angelegenheiten uns keine wirkliche Wahlmöglichkeit lässt, stimmen wir manchmal auch aus purer Unachtsamkeit scheinbar dringlichen Aktionen zu, die gut auf einen geeigneteren Zeitpunkt hätten verschoben (oder komplett gestrichen) werden können.

Im Frühjahr zum Beispiel ist traditionell der Hausputz dran – aber passt das zu Ihnen? Passt diese aufwendige Aktion zu Ihrer beruflichen Arbeitsbelastung in den ersten Monaten des Jahres? Im Sommer ist Urlaubszeit! Brauchen Sie wirklich im Sommer eine Auszeit? Wäre Ihnen nicht freie Zeit in anderen Monaten viel zuträglicher?

Wenn man sich nicht darauf besinnt, was einem selbst wichtig und zuträglich ist, unternimmt man unversehens Dinge, die man eigentlich nicht wollte, oder beginnt ein Unterfangen zu einem Zeitpunkt, der für einen selbst denkbar ungeeignet ist. Es braucht schon ein wenig Anstrengung, Mut und Fantasie, um herauszufinden, was wir eigentlich wirklich benötigen, was zu uns und unseren Bedürfnissen im Jahres-, Wochen- und Tagesrhythmus passt. Nicht alle Vorstellungen unseres Umfeldes und nicht alle unsere überkommenen Gewohnheiten bezüglich des rechten Zeitpunkts sind heute immer noch zuträglich für uns.

● Sowohl – als auch

Manchmal allerdings gibt es keine echte Wahlmöglichkeit mehr. Wir binden uns mit den Jahren in ein vielfältiges berufliches, privates und soziales Netzwerk ein. In diesem Netzwerk existieren mindestens so viele Vorstellungen für den „richtigen" Zeitpunkt, etwas zu tun, wie es Teilnehmer gibt. Jeder hat eine andere Prioritätenliste im Kopf, die sagt, was jeweils zu einem bestimmten Zeitpunkt passieren sollte. Wenn das neue Produkt auf den Markt gebracht und präsentiert werden soll und Sie in der Entwicklungsabteilung tätig sind, liegt der Projektbeginn nicht mehr in Ihrer Entscheidungsmacht. Sie werden beauftragt und führen termingerecht aus.

Wenn Ihr Kind eine Stauballergie entwickelt und entsprechend das Haus von oben bis unten geputzt werden sollte, werden Sie kaum lange nach Ihren persönlichen Bedürfnissen fragen. Im Alltag schließen wir ständig Kompromisse zwischen den sachlichen Erfordernissen, den Anliegen anderer und unseren eigenen. Es geht auch hier darum, eine Balance herzustellen und zu halten: zwischen unseren eigenen Vorstellungen, was wann richtig ist, und dem, was andere oder „die Gegebenheiten" fordern, zwischen den äußeren rechten Zeitpunkten und unseren inneren rechten Zeitpunkten.

TIPP

Um bewusster über den richtigen Zeitpunkt für ein Vorhaben entscheiden zu können, hilft es, sich dreierlei verschiedene Zugkräfte bewusst zu machen. Sie entstehen aus den Erfordernissen des Anliegens selbst (Anliegen), den Vorstellungen und Abhängigkeiten der daran Beteiligten (Fremderwartung) und unseren Bedürfnissen und Vorlieben sowie unseren Erfahrungen (eigene Bedürfnisse).

Angenommen, Sie fragen sich, ob Sie zu Ihrem diesjährigen Geburtstag ein großes Fest geben sollten. Die Rechter-Zeitpunkt-Frage lautet also: Ist dieses Jahr der rechte Zeitpunkt für ein großes Fest? Unter dem Aspekt der Erfordernisse des Anliegens selbst fällt die Antwort negativ aus: Nein. Ein Geburtstag erfordert nicht unbedingt ein großes Fest. Unter dem Aspekt der Vorstellungen der Beteiligten – Freunde, Familie, potenzielle Gäste – bedenken Sie als Nächstes deren Erwartungen. Vielleicht werden Sie sich dem einen oder anderen verpflichtet fühlen, aber keine der oben genannten Personen ist auf das Stattfinden des Festes in diesem Jahr angewiesen.

Nun zu Ihren eigenen Bedürfnissen: Sie haben Lust auf ein großes Fest – nach vielen Jahren endlich alle auf einmal wiederzusehen ist eine erfreuliche Aussicht und würde Ihrem Bedürfnis nach Nähe guttun. Andererseits kostet ein großes Fest einiges an Energie, Zeit und Geld. Das Jahr verspricht, ein anstrengendes Arbeitsjahr zu werden, Ihr Geburtstag liegt mitten im Winter, der für Sie erfahrungsgemäß nicht die aktivste Jahreszeit ist. Die Aussicht auf den Einsatz und die Vorbereitungen ist nicht gerade beflügelnd und das Geld möchten Sie lieber für etwas anderes verwenden. Ihr Bedürfnis nach Ruhe und Müßiggang widerspricht zudem der Idee eines Festes.

Genau genommen finden Sie nur einen überzeugenden Aspekt, gerade in diesem Jahr ein großes Fest zu geben, nämlich dass es schon in den Vorjahren nicht ausreichend gute Gründe gab. Spricht das dafür, dass dieses Jahr der rechte Zeitpunkt ist? Wohl eher nicht.

● Tun wir das Richtige?

Etwas anderes ist der achte Geburtstag Ihres Kindes. Der Zeitpunkt des Geburtstags ist vorgegeben, aber ist dieser auch der rechte Zeitpunkt für ein großes Kinderfest? Gehen wir die drei Aspekte wieder durch: Erfordert der achte Geburtstag Ihres Kindes das Ausrichten eines Kindergeburtstags? Hier würden Sie

wahrscheinlich „Ja" antworten. Der achte Geburtstag ist ein nicht verschiebbarer, einmaliger und besonderer Tag im Leben eines Kindes, der in unserer Kultur gefeiert wird. Ein Kindergeburtstag ohne Fest mit Freunden, Saft und Kuchen und allerlei Spielen ist zudem kein echter Kindergeburtstag.

Zum zweiten Aspekt: Gibt es Vorstellungen und Abhängigkeiten von anderen? Ja, andere Kinder erwarten, eingeladen zu werden – ob man das nun gut findet oder nicht. Ihr Kind wird nur von den anderen Kindern eingeladen, wenn es selbst einlädt. Also erwartet Ihr Kind von Ihnen das Ausrichten seines Geburtstages.

Unter dem Aspekt Ihrer eigenen Vorstellungen spricht gegen die Ausrichtung des Kindergeburtstags Ihr zeitlicher und energetischer Aufwand sowie Ihr Bedürfnis nach Ruhe und vielleicht auch Zweisamkeit mit Ihrem Kind. Andererseits möchten Sie auch eine gute Mutter sein und sind bereit, für dieses Ideal Ihre eigenen Bedürfnisse hintanzustellen.

Nach Abwägung aller drei Aspekte treffen Sie eine Entscheidung für die Ausrichtung eines Festes zum achten Geburtstag Ihres Kindes.

Obwohl vordergründig keine Wahlmöglichkeit zu bestehen schien – das Kind hat Geburtstag, der Zeitpunkt ist vorgegeben –, ist es sinnvoll, die drei Aspekte „Anliegen", „Fremderwartung", „Eigenbedürfnisse" zu durchdenken. Die Frage nach dem rechten Zeitpunkt für ein Vorhaben stellt einen Zusammenhang her zwischen der Zeit und der Qualität unseres Tuns. Auch wenn wir auf das Eintreten von Ereignissen zu einem bestimmten Zeitpunkt keinen Einfluss haben sollten, so können wir doch meistens entscheiden, was zu diesem Zeitpunkt das Beste ist. Wir haben Einfluss auf die Qualität, die zu diesem Zeitpunkt passt. Das Durchdenken der drei Aspekte kann uns dabei helfen, Klarheit zu gewinnen und bewusstere Entscheidungen für oder gegen eine Idee, ein Anliegen oder eine Erwartung zu treffen und zudem das rechte Maß für die Umsetzung zu bestimmen.

● Effektiv oder effizient?

Aus dem Zeitmanagement kennen Sie wahrscheinlich die Unterscheidung von effektivem und effizientem Tun. Effektiv sein meint, das Richtige zu tun, effizient sein meint, etwas richtig zu machen.

Wir können noch so effizient sein, uns durch noch so große Disziplin zu immer besseren Leistungen und immer größeren Erfolgen antreiben – oder auch zu mehr Gelassenheit und angemesseneren Geschwindigkeiten bewegen: Wenn wir aber eines Tages feststellen, dass das, was wir erreicht haben, eigentlich nicht das ist, was wir uns gewünscht haben, war alle Effizienz umsonst. Unsere Effizienz war ineffektiv in Bezug auf das ersehnte Ergebnis. Wenn Sie sich Entspannung wünschen, um ein banales Beispiel heranzuziehen, dann können Sie äußerst effizient eine Pauschalreise buchen. Aber ist eine Pauschalreise effektiv in Bezug auf Ihr Vorhaben? Tun Sie das Richtige für Ihre Entspannung?

● Wünschen mit Bedacht

Das Ergebnis des unbedachten Einsatzes von Organisationsinstrumenten lässt sich häufig an scheinbar erfolgreichen und dennoch unzufriedenen Mitmenschen beobachten. Es gibt sogar

Stimmen, die behaupten, die als Midlife-Crisis bekannt gewordene Sinnkrise ist in Wirklichkeit eine Wunsch-Krise.

Midlife-Crisis-Kandidaten stellen mit zirka 50 Jahren typischerweise fest, dass sie sich zwar sehr erfolgreich ihre Wünsche erfüllt, aber leider das Falsche gewünscht haben. Wenn Zeitmanagement-Instrumente benutzt werden, um noch effizienter ineffektiv zu sein und noch schneller ein falsches Ziel zu erreichen, sind diese schlicht verkehrt eingesetzt. Ihre erste Frage sollte deshalb lauten: Was bewirkt den gewünschten Effekt? Was ist das Richtige, zu tun? Oder auch: Was ist das Richtige, das zu unterlassen ist?

Anregung: Steht Ihre Leiter richtig?

In der Rückschau vieler ähnlicher Tage und Wochen hat man das Gefühl, viel (zu viel) gearbeitet zu haben. Viel Zeit ist ins Land gegangen und man ist nicht nur erschöpft, sondern oft auch seltsam unzufrieden.
Nehmen Sie Ihre Tage einmal unter die Lupe und notieren Sie, wofür Sie Ihre Lebenszeit wirklich verwendet haben. Seien Sie ehrlich mit sich selbst: Waren Sie nur effizient oder waren Sie effektiv? Sie sind die Leiter offensichtlich hochgeklettert, aber an welcher Mauer stand sie? Welchem Ihrer Bedürfnisse und Wünsche sind Sie näher gekommen? Wie viele Pausen haben Sie eingelegt, um den Reichtum Ihres Lebens noch wahrzunehmen? Haben Sie die Tage bloß hinter sich gebracht oder haben Sie sie genossen? Denn entscheidend ist nicht, die Leiter so schnell wie möglich hinaufzuklettern, sondern sie vor dem Hinaufklettern an die richtige Mauer gestellt zu haben!

Zeiten zum Ruh'n, Zeiten zum Tun

Es gibt ganze Tage oder gar Monate, da will uns, egal zu welcher Tageszeit, nichts recht gelingen, ein Misserfolg reiht sich an den nächsten, alles geht schief. Und dann erleben wir Zeiten, in denen uns die Erfolge nur so zufliegen, alles geht leicht von der Hand, wir erleben uns als beflügelt und beschwingt, surfen auf den Wellen des Lebens ...

Rhythmen im Jahreslauf

Selbst innerhalb eines Jahres können wir an uns selbst ähnliche, sich wiederholende Hoch- und Tiefphasen beobachten. Im Frühjahr – beschwingt von der erwachenden Vegetation, den belebenden Sinneseindrücken (Farben und Düfte der Natur), dem zunehmenden Sonnenlicht und den frischen Nahrungsmitteln – wird aufgebaut, gegründet, Neues in die Welt gebracht, während wir im Herbst zum Rückzug neigen, Projekte abschließen, das kommende Jahr planen, im Privaten häuslicher werden und Familienaktivitäten nach innen verlegen.

Die Ursache dafür sind keinesfalls die Feste und Feiern, das zu Neujahr beginnende Buchungsjahr oder ähnliche von außen vorgegebene Rituale. Diese Gewohnheiten sind vielmehr Folge des über die Jahrhunderte übertragenen natürlichen Rhythmus, dem auch wir Menschen nach wie vor unterliegen. Wir selbst haben diese Rituale installiert.

Das Krokodil im Rücken

Es ist eine Illusion, zu glauben, dass wir das uralte Krokodil in unserem Rücken dauerhaft und ohne seelische und körperliche Beschädigungen mit allerlei Tricks überlisten könnten. Fühlen Sie doch einmal mit der Hand auf Ihrem Rücken nach. Was Sie da fühlen, ist eindeutig: Wir gehören zur Gattung der Wirbeltiere! Die meisten Vertreter unserer Spezies halten während der kalten

Monate Winterschlaf, zumindest aber Winterruhe. Möglichst wenig Energie verbrauchen, wenig bewegen, Oberfläche klein halten, einkuscheln, lautet die Devise. Weil wir es mithilfe technischer Werkzeuge können, tun wir genau das Gegenteil: Heizung aufdrehen, Licht anmachen, üppig essen, geschäftig hin und her flitzen, die Nacht zum Tag machen, rund um die Uhr auf und aktiv sein, im Notfall Verdauungspillen schlucken und mehr Kaffee trinken – oder auch in die Sonne fliegen, um danach mitten im Winter sommerlich aktiv sein zu können.

Im Sommer dagegen, wenn auf dem Wirbeltier-Programm bewegen, bauen, Sinne verwöhnen, Energie verbrauchen, Nahrung heranschaffen, Vitamine tanken steht, sitzen wir weiter über Stunden an unseren Arbeitsplätzen in geschlossenen Räumen, vor unseren Computern, in Konferenzen, an Fließbändern, im Flugzeug, im Auto – zu jeder Tages- und Nachtzeit. Wiederum nutzen wir Pillen, diesmal um die überschüssigen Energien im Zaum zu halten, machen Diäten, um das Zuviel an reicher Nahrung

zu kompensieren, die eigentlich für Hochaktive gedacht ist. Für die ganzjährige Bewegungslosigkeit sind wir nicht gemacht – und angepasst haben wir uns dieser veränderten Lebensweise noch nicht.

Und dennoch: Trotz aller im Detail fragwürdigen Nebenwirkungen unseres Wirtschaftssystems und unserer Lebensweise sind wir Teil dessen und müssen uns täglich darin arrangieren. Es ist nicht üblich, im Alltag – vor allem im Arbeitsalltag – auf unsere persönlichen Rückzugsbedürfnisse oder unseren phasenweise ausgeprägten Aktivitätsdrang Rücksicht zu nehmen. Gibt es denn keine Möglichkeiten, unseren ureigensten individuellen Bedürfnissen nach Ruhe beziehungsweise Aktivität nachzukommen? Doch, es gibt sie.

Anregung: Nutzen Sie Freiräume

Auch wenn Sie als Einzelner/Einzelne wenig Einfluss auf die größeren Zusammenhänge haben, so können Sie doch in Ihrem unmittelbaren Umfeld den Grad von Aktivität und Ruhe beeinflussen.

Fragen Sie sich, wie Sie bestimmte Zeiten für Ihre Bedürfnisse nach Ruhe und Rückzug für sich und vielleicht auch für Ihre Familie reservieren könnten. Welche Bedürfnisse haben Sie im Winter, im Frühjahr, im Sommer und im Herbst? Wann im Laufe eines Tags ist Ihnen nach einer Pause, wann sind Sie energiegeladen und voller Lebenslust? Wie können Sie in den Bereichen, in denen Sie den Takt (mit-)bestimmen, besser für ein Ihnen gemäßes Tempo sorgen? Was wäre das Richtige: Tun oder Unterlassen?

Betrachten wir als Beispiel die Vorweihnachtszeit. Sie ist – zusätzlich zum Endspurt in vielen Firmen – im Privaten bestimmt von Geschenke-Einkaufsstress und sich aneinanderreihenden Weihnachtsfeiern und Festvorbereitungen. Das Weihnachtsfest, das eigentlich ein sinnlicher Höhepunkt im tristen, dunklen Winter sein und das Wieder-länger-Werden des kurzen Tageslichts anzeigen sollte, hat sich für viele Menschen zum Abschluss eines wochenlangen Marathons durch Geschäfte und Märkte, durch Verpflichtungen und Zwangsgemütlichkeit im Kreise von Menschen, an denen ihnen nichts liegt, verwandelt. Dass uns ab September aus den Auslagen der Geschäfte die Schokoladenweihnachtsmänner ansehen und man im Dezember bereits mit einem Winterschlussverkauf versucht, uns zum weiteren Weihnachtskonsum zu verführen, ist nur ein Symptom der ausufernden Eiligkeit einer Jahreszeit, in der wir uns naturgemäß nach Rückzug und Beschaulichkeit sehnen.

● Sich selbst ernst nehmen

Irrwitzigerweise kommen Sie der ursprünglichen Idee von Weihnachten am nächsten, wenn Sie nichts von den oben genannten typischen Weihnachtsaktivitäten unternehmen. Im konsequentesten Fall streichen Sie alle Weihnachtsmärkte, jeden geplanten Besuch von Weihnachtsfeiern, den Einkauf aller Weihnachtsgeschenke und weigern sich, die ganze Großfamilie mit einem mehrgängigen Menü samt Gans zu bekochen.

An den Adventssonntagen kuscheln Sie sich gemütlich in Ihre Sofaecke und an Weihnachten machen Sie vielleicht einen Gang in Ihre Kirche, zünden hernach eine Kerze an, kochen sich zur Feier des Tages ein Winteressen, genießen ein Gläschen Wein und lassen Ihre Gedanken schweifen. „Das geht nicht, weil …!", wenden Sie ein? Es geht, wenn Sie bereit sind, Ihre Bedürfnisse wichtiger zu nehmen als die der anderen. Wenn Sie sie genauso wichtig nehmen wie die Ihrer Mitmenschen, dann schließen Sie vielleicht hier und da einen Kompromiss. Wenn Sie die Bedürfnisse anderer für wichtiger halten als Ihre eigenen, dann überlassen Sie ihnen die Gestaltung Ihrer Weihnachtszeit komplett!

● Im Einklang mit Ihren Bedürfnissen

Das Bewusstmachen der verschiedenen Phasen und Bedürfnisse in Ihrem persönlichen Rhythmus dient nicht dazu, Sie noch leistungsfähiger und schneller zu machen, als Sie es ohnehin schon sind. Vielmehr geht es um eine Ermutigung, mehr auf die eigenen Bedürfnisse zu achten und für sich persönlich Wege im Einklang mit dem eigenen Rhythmus zu finden.

Entschleunigen heißt in diesem Fall, bedächtiger im Sinne von klüger vorzugehen und dem auf Seite 73 genannten dritten Aspekt der „Eigenbedürfnisse" Aufmerksamkeit zu schenken.

Eventuell werden Sie sogar erleben, dass Sie Ihr Umfeld inspirieren: Endlich einer, der es wagt, mutig seinen eigenen Weg zu gehen!

Ein Bewusstwerden der eigenen Hoch- und Tiefphasen, der Bedürfnisse nach Aktion oder Ruhe im Jahreslauf kann Sie darin unterstützen, sich leichter und aufmerksamer in der Zeit zu bewegen – und erkannte Freiräume bewusst für das „freie Spielen" zu reservieren. Unter diesem Aspekt können Sie von vornherein nach den rechten Zeitpunkten für Unternehmungen Ausschau halten, Termine und Verabredungen nach Möglichkeit Ihrem Rhythmus anpassen, statt sich ständig von der Fülle der Anforderungen treiben zu lassen.

● Den Rhythmus erkennen

Wie sieht es bei Ihnen aus? Kennen auch Sie wiederkehrende Aktivitätsphasen oder Besinnungsphasen bei sich, deren Schwung Sie nutzen könnten und deren Pausen Sie mehr beachten sollten?

Um diesen auf die Spur zu kommen, können Sie zwei DIN-A4-Bögen an der schmalen Seite aneinanderkleben und mittig von links nach rechts eine lange Linie darauf ziehen. Die Linie unterteilen Sie in zwölf Monatsabschnitte. Jetzt erinnern Sie sich an die letzten Jahre: Was ist in Ihrem Leben passiert, welche Meilensteine gab

es für Sie, welche typischen Tätigkeiten im Jahreslauf? Erinnern Sie sich an Aktivitäten und Gemeinschaftsaktionen, an zurückgezogene oder mühsame Phasen sowie an solche des beschwingten Surfens auf den Lebenswellen und solche des eher beschaulichen Treibens auf langen Wellen?

Notieren Sie diese in Stichworten immer unter dem betreffenden Monat, egal wie viele Jahre sie zurückliegen. Denken Sie dabei eher an das Tun, an Ihre Aktivitäten als an Ereignisse und Ergebnisse. „März: mehrere Ster Holz gehackt und mich dabei stark und kräftig gefühlt" wäre ein möglicher Eintrag, „November: mühsam zur Arbeit geschleppt, Lieblingsplatz: Sofaecke", oder „April: Präsentationen auf der Messe gehalten, lief super" wären mögliche andere. Sie sollten möglichst viele Aktivitäten sammeln. Gehen Sie dazu im Geiste die Monate einzeln durch und halten Sie fest, woran Sie sich erinnern, vielleicht auch mithilfe eines alten Kalenders. Wie haben Sie sich dabei jeweils gefühlt? Fiel Ihnen das Tun leicht oder war es eher mühselig? Vermerken Sie mit einem farbigen „+" oder „-", ob es sich dabei um erfreuliche oder unerfreuliche Phasen gehandelt hat. Nun treten Sie im Geiste einen Schritt zurück. Können Sie in einzelnen Monaten Ballungen von jeweils typischen Aktivitäten oder Nicht-Aktivitäten erkennen? Deuten die Aktivitäten eines Monats oder einer Jahreszeit auf typische Tätigkeiten hin, die Ihnen offensichtlich leichtfallen? Vielleicht zeigt Ihr Bild Phasen auf, in denen Ihnen außergewöhnlich viel gelungen, und solche, in denen auffällig viel schiefgegangen ist? Erkennen Sie Ausreißer, also solche Aktivitäten, die zu keiner anderen Tätigkeit in dem betreffenden Abschnitt passen? Wie erging es Ihnen währenddessen? Versuchen Sie, Schlüsse bezüglich eines Ihnen angemessenen Rhythmus zu ziehen. Vielleicht können Sie sogar Vorsätze ableiten, wie zum Beispiel: „Ich sollte zusätzliche Termine der und der Art lieber für den März als den Dezember vereinbaren (…, weil die Dunkelheit mich müde und schlapp macht und ich mich unangemessen anstrengen muss)." Oder: „Der Mai eignet sich für mich wunderbar, Vortragsreisen zu planen (… in den letzten Jahren habe ich in dieser Zeit mehrmals ganz leicht gute Kontakte herstellen können)."

● Nachtigall und Nachteule

So wie die Nachtigall in der Morgendämmerung am brillantesten singt, so sind auch die Frühaufsteher am Morgen am aktivsten.

Die Nachteulen dagegen werden erst im Laufe des Tages aktiv und haben oft in den Abendstunden ihre kreativste Zeit. Die meisten

Menschen sind entweder dem Typ „Nachtigall" oder dem Typ „Nachteule" zuzuordnen und haben es schwer, entgegen ihren persönlichen Bedürfnissen nach Ruhe und Entspannung zu leben.

Der angeborene Frühaufsteher wird – wenn man ihn lässt – gern zeitig zu Bett gehen und frühmorgens quicklebendig mit einem üppigen Frühstück in den Tag starten. Seine Sinne und sein Verstand sind aktiv und aufnahmefähig, körperlich ist er aus dem Stand zum Tun bereit, er sprüht vor kreativen Ideen und teilt sie gern mit. Gegen Mittag braucht er eine Pause und legt dazu, wenn irgend möglich, gern ein Schläfchen ein. Für seinen Kollegen „Nachteule" hat der Tag erst vor wenigen Stunden begonnen. Er ist zu dieser Zeit weder redewillig noch geistig aufnahmebereit, körperlich noch

relativ langsam und damit beschäftigt, Kreislauf und Sinne zu aktivieren. Die inneren Organe sind noch nicht aktiv und ein Frühstück wäre jetzt nur eine Belastung. Dafür ist der Nachttyp mit Vorliebe in den fortgeschrittenen Nachmittags-, wenn nicht gar Abendstunden unterwegs, nutzt vielleicht die ungestörten Stunden und frönt spät seiner Leidenschaft für ein ausführliches Abendessen.

Die Tendenz zum einen oder anderen Typ ist schon von klein auf in uns festgelegt. Der frühe Schultagesbeginn sowie später vielleicht der früh angesetzte Beginn durch den Arbeitgeber oder das Familienleben erfordern allen einen bestimmten Rhythmus ab, der nur einem Typ wirklich entgegenkommt. Das Leben gegen den eigenen Rhythmus verursacht aber auf Dauer Stress.

Test: Welcher Ruhetyp sind Sie?

Gehören Sie von Natur aus eher zu den Frühaufstehern, die morgens mit den Vögeln hellwach und voller Tatendrang sind? Oder fühlen Sie sich morgens eher wie eine Eidechse, steif, wortkarg und noch ein wenig träge?
Finden Sie heraus, in welchen Stunden im Tagesverlauf Sie am aktivsten und in welchen Sie am ruhebedürftigsten sind. Beobachten Sie sich dazu eine Woche lang und machen Sie sich Notizen für jeden Tag in einer Tabelle:

- Wann wurden Sie wach und wann standen Sie auf?
- Wann war Ihnen nach einer Pause?
- Wann wurden Sie müde und wann gingen Sie zu Bett?

Beziehen Sie dabei unbedingt alle (!) Tageszeiten in die Beobachtung mit ein.

Am Ende der Woche prüfen Sie Ihre Einträge und fertigen daraus eine Ruhebedürfnis- und Rückzugskurve. Dazu machen Sie einen blauen Kreis bei den Tageszeiten, zu denen Sie offensichtlich ruhebedürftig waren oder eine Pause eingelegt haben. Verbinden Sie nun die nahe beieinander liegenden blauen Kreise in Ihrer Tabelle so, dass Sie von oben nach unten verlaufende durchgehende Linien erhalten. Setzen Sie ruhig mehrfach an. Was sehen Sie?

Verlaufen die Linien jeweils überwiegend in einer Spalte? Gibt es Zeiten am Tag, in denen Sie vorwiegend langsam und ruhebedürftig sind?

Sie haben jetzt eine erste Übersicht, wann „Ihre bevorzugte Auszeit" sein sollte. Legen Sie nach Möglichkeit alle wichtigen Aktivitäten in energiereiche Zeiten und reservieren Sie Ihre Ruhezeiten für genussvolles Nichtstun.

	Morgen	Vormittag	Mittag	Nachmittag	Abend	Nacht
Montag	○	○				
Dienstag	○					
Mittwoch	○	○				
Donnerstag	○	○	○			
Freitag	○	○				
Samstag	○					
Sonntag	○	○				

● Machen Sie sich frei von Erwartungen

Gehören Sie zu denen, die sich ihre Pausen- und Ruhezeiten selbst einteilen können, so nutzen Sie die Chance und machen sich frei von überkommenen Vorstellungen, wann „man" was und wie genau tut. Optimieren Sie Ihre Ruhezeiten sowie auch Ihre Mahlzeiten nach Ihren persönlichen Bedürfnissen und genießen Sie diese.

Sind Sie an zeitliche Vorgaben Ihres Arbeitsalltags oder an die Bedürfnisse Ihrer Familie gebunden, nutzen Sie zumindest die Freiräume für Zeitinseln, Pausen und Rückzüge, die Sie haben. Denken Sie daran: Es ist Ihre Lebenszeit! Befreien Sie sich so weit wie möglich von zeitlichen Käfigstangen – auch von goldenen!

Mit Bedacht wählen und dazu stehen

Es ist das eine, zu erkennen, was wir brauchen, um zufrieden zu sein, und das andere, dieses auch zu bekommen. Wenn wir nicht aufmerksam aus der Fülle an Möglichkeiten und Angeboten auswählen, verstricken wir uns unversehens in Dinge, Aufgaben und Bindungen, die wir nicht brauchen und die loszuwerden sich wiederum (zeit-)aufwendig gestaltet. Deshalb ist es wichtig, nicht nur bewusst zu wählen, sondern unsere Wahl auch entschieden und eindeutig zu kommunizieren.

Was ist mir wichtig?

Alle Menschen teilen eine Reihe von Bedürfnissen, deren Erfüllung ihnen wichtig ist. Diese lassen sich besonders gut anhand einer 5-stufigen Pyramide darstellen:

Die rudimentären Bedürfnisse umfassen mindestens die Nahrungsaufnahme sowie eine trockene und sichere Unterkunft (Stufe 1 und 2). Auf einer anspruchsvolleren Ebene sind Bedürfnisse unseres Selbst und unserer sozialen Einbindung angesiedelt (Stufe 3 und 4). Unsere Bedürfnisse darüber hinaus liegen im Bereich der Selbstverwirklichung mit all ihren persönlichen und kulturellen Facetten. Wir kümmern uns immer zuerst um die unteren Stufen. Höheren Bedürfnisstufen wenden wir uns erst dann zu, wenn die Bedürfnisse auf den darunterliegenden Stufen gesichert sind.

● **Die Bedürfnispyramide des Menschen**

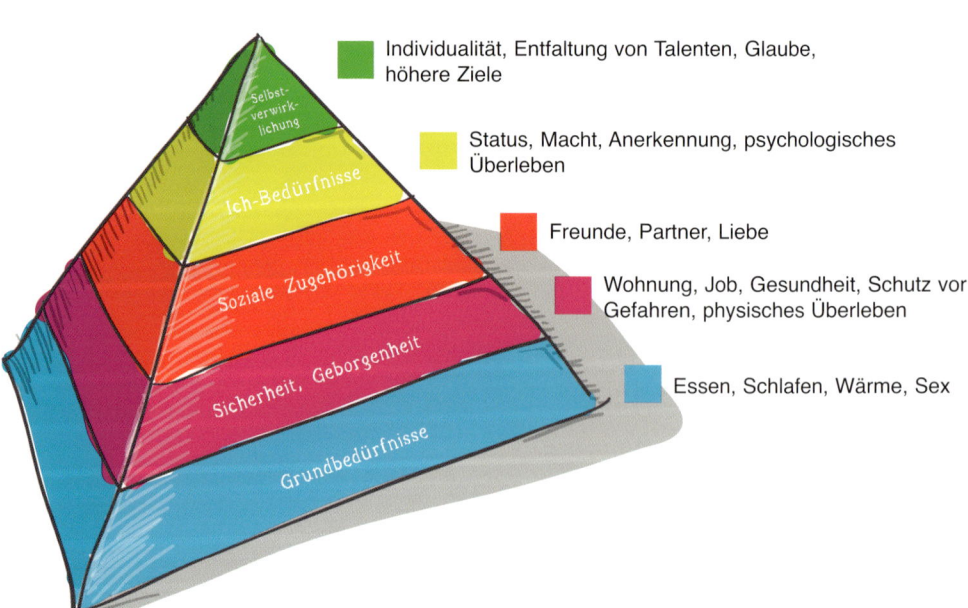

Individualität, Entfaltung von Talenten, Glaube, höhere Ziele

Status, Macht, Anerkennung, psychologisches Überleben

Freunde, Partner, Liebe

Wohnung, Job, Gesundheit, Schutz vor Gefahren, physisches Überleben

Essen, Schlafen, Wärme, Sex

Selbstverwirklichung

Ich-Bedürfnisse

Soziale Zugehörigkeit

Sicherheit, Geborgenheit

Grundbedürfnisse

Konkret bedeutet das: Wenn Sie müde, hungrig oder erschöpft sind (Stufe 1 nicht gesichert), werden Sie sich nicht zu Aktivitäten auf der 2. Stufe aufraffen oder zwingen können, selbst bei noch so strenger Disziplin. Und jemand, dessen Sicherheit bedroht ist (Stufe 2 nicht gesichert), hat keinen Sinn für „höhere Werte". Diesen Mechanismus können wir vielerorts im Alltag sowie auch in Krisen beobachten.

Andersherum gilt aber auch: Wir widmen uns nur so lange einer höheren Bedürfnisstufe, solange die Stufen darunter (noch) gesichert scheinen. Droht ein höheres Ziel, für das wir jemanden begeistern möchten, seine Bedürfnisse auf einer darunterliegenden Stufe einzuschränken (zum Beispiel Machtstatus, Zugehörigkeit), wird er sich gegen das höhere Ziel entscheiden.

● Wie viel ist genug?

Eine interessante Frage ist: Wie viel braucht es auf der jeweiligen Bedürfnisstufe, um uns ein Gefühl von Zufriedenheit zu vermitteln? Anders formuliert: Ab wann empfinden wir die Bedürfnisse einer Stufe als erfüllt, um uns auf dieser Basis einer höheren Stufe zuwenden zu können? Dazu drei Beispiele:

Auf der untersten Stufe liegt das Bedürfnis „Essen". Bedeutet das „satt sein" oder „mit gesunden Lebensmitteln satt werden" oder gar „mit gesunden, frischen, selbst zubereiteten Speisen satt werden"? Vielleicht denken Sie aber auch: „Jeden Tag etwas anderes essen, gesund, aus biologischem Anbau, mindestens mit einem Stück Fleisch, in Ruhe zubereitet"?

Als zweites Beispiel nehmen wir das Bedürfnis Sicherheit in Augenschein: Ist für Sie dieses Bedürfnis bereits erfüllt, wenn Sie über die Straße gehen können, ohne damit rechnen zu müssen, dass Ihnen jemand in den Rücken schießt? Oder brauchen Sie zu seiner Befriedigung die selbst gemachte oder vermittelte Erfahrung, dass Recht und Gesetz gelten? Vielleicht zählt für Sie zu diesem Grundbedürfnis auch die Sicherheit, dass Ihr Eigentum für andere unantastbar ist? Wie viel

Sicherheit brauchen Sie für die Erfüllung dieses Grundbedürfnisses, um sich einer höheren Stufe zuwenden zu können?

Ein letztes Beispiel: Wie viel Anerkennung brauchen Sie, damit Sie sich wohlfühlen? Reicht es, wenn Sie wissen, wenn Ihr Partner weiß, was Sie können und wer Sie sind? Oder bedarf es der Anerkennung noch von anderen? Von wem genau wünschen Sie sich Anerkennung?

Wir könnten nun Bedürfnis für Bedürfnis auf diese Weise durchgehen, die Fragen blieben immer dieselben: Wie viel müsste es denn jetzt jeweils sein, damit das Bedürfnis als erfüllt gelten kann? Und – da sich unsere Bedürfnisse im Laufe des Lebens ändern – wie viel wird es wohl in 10, 20, 30 Jahren brauchen? Diese Antworten kann nur jeder für sich selbst herausfinden.

Anregung: Wann bin ich zufrieden?

Gehen Sie die einzelnen Bedürfnisse auf den fünf Stufen der Bedürfnispyramide nach und nach durch und beschreiben Sie zu jedem Aspekt in Stichworten, was für Sie dazuzählt.
Was genau soll unter diesem Aspekt wie erfüllt sein – und zu welchem Grad –, damit Sie das entsprechende Bedürfnis als erfüllt empfinden? Seien Sie so genau wie möglich – und ehrlich mit sich selbst! Das könnte dann zum Beispiel so aussehen: Bedürfnis Stufe 2, „Wohnung"/Aspekt: Einrichtung/Genug ist, wenn alle zwei Jahre ein neues Sofa. Oder Bedürfnis Stufe 2, „Wohnung"/Aspekt: Wohnraum/Genug ist, wenn 4 Zimmer, zentrale Lage …

● Ein Experiment

Gehen wir davon aus, dass jeder danach strebt, seine persönlichen Bedürfnisse nach und nach zu befriedigen, wird die Frage „Wie viel ist (jeweils) genug?" umso bedeutsamer für jeden Einzelnen von uns. Ein gedankliches Experiment mag dies verdeutlichen: Stellen Sie sich vor, die Bedürfnispyramide wäre eine Wohnung mit fünf Zimmern. Alle Menschen würden Wohnungen mit fünf Zimmern mieten, wobei die Zimmer immer hintereinander liegen, jeweils für die Bedürfnisse nur einer Stufe eingerichtet sind und man die Nutzung nicht tauschen kann.

Nun hat sich jemand entschlossen, erst einmal nicht alle Zimmer seiner Wohnung zu nutzen. So braucht er sich nur um die ersten Zimmer zu kümmern. Aber selbst für die wenigen Zimmer muss er seine Kapazitäten schon gut einteilen, um sie einigermaßen zu pflegen, zu bewohnen und zu genießen. Während er die ersten Räume mittlerweile ausgiebig pflegt und bewohnt, stehen die restlichen Zimmer nach wie vor leer. Er würde sie auch gern nutzen, aber er kommt einfach nicht dazu! Keine Zeit, kein Geld, keine Energie sind die Gründe, die er anführt. Was würden Sie raten?

Die Dinge, die wir sehen, . . .

… sind dieselben Dinge, die in uns sind. Es gibt keine Wirklichkeit als die, die wir in uns haben. Darum leben die meisten Menschen so unwirklich, weil sie die Bilder außerhalb für das Wirkliche halten und ihre eigene Welt in sich gar nicht zu Wort kommen lassen. Man kann glücklich dabei sein. Aber wenn man einmal das andere weiß, dann hat man die Wahl nicht mehr, den Weg der meisten zu gehen.

Hermann Hesse

● Vom Falschen zu viel

Geht man durch die Einkaufs-
straßen unserer Städte, besucht
die Shoppingcenter oder betrachtet auch nur die Sperrmüllsamm-
lungen am Straßenrand, so kann
man sich manchmal des Gefühls
nicht erwehren, dass wir mit der
Befriedigung unserer Bedürfnisse stecken geblieben sind: Wir
investieren unglaubliche Kapazitäten in die Ausstattung unserer
Häuser und Wohnungen. Wir ersetzen zuhauf noch funktionie-
rende Geräte durch solche, die
sich nur unwesentlich in Details
unterscheiden, und die wenigsten Sofas am Straßenrand sind
wirklich funktionsuntüchtig.

Haben Sie einmal versucht, Mö-
bel zu verschenken, selbst wunderbar handgearbeitete Exempla-
re? Sie werden sie nicht los, alle
haben selbst mehr als genug davon! Wir kaufen millionenfach
immer neue Kleider, die sich nur
minimal unterscheiden, obwohl
unsere Kleiderschränke überquel-
len und der Inhalt der meisten –
so hat man ausgerechnet – uns
erlauben würde, wohlgekleidet
150 Jahre alt zu werden, ohne je
ein neues Teil erwerben zu müssen.
Die Kosmetikbranche vermeldet

zudem jährliche Zuwachsraten,
von der so manche Branche nur
träumen kann. Bei all diesen An-
schaffungen geht es schon lange
nicht mehr um die Sicherung
zum Beispiel der Grundbedürfnisse Wärme und Wohnen, sondern vielmehr um die psycholo-
gischen Bedürfnisse der 3. und
4. Stufe. Mit äußerlichen Attributen und der Anhäufung angesag-
ter Gegenstände versuchen wir,
unser psychologisches Überleben zu sichern, wobei von reinem
Überleben auch schon lange nicht
mehr die Rede sein kann. Vielmehr geht es um Vormachtstel-
lungen und erste Plätze.

Dafür unterwerfen wir uns höchs-
tem Druck: Wer im Ringen um
Macht, Anerkennung und Status
auf einem der ersten Plätze stehen will, muss immer schneller
und mit immer höherem Aufwand Attribute erneuern und vor-
weisen. Unsere Angst, auf eine
untere Stufe zurückzufallen, die
einmal erreichte soziale Zugehörigkeit zu verlieren, oder gar die
Existenzsicherung treibt uns im
sich stetig beschleunigenden
Karussell der Eitelkeiten an. Hier
und da schnell ein brandaktuelles

Kleidungsstück zu erwerben, eine exotische Reise zu buchen, von der man berichten kann, sich mit Statussymbolen auszustatten, die einem wenigstens das Gefühl von Befriedigung verschaffen, wirkt geradezu erholsam gegenüber der Absicht, ernsthaft an der Entwicklung seiner Persönlichkeit zu arbeiten.

Diäten, Wellness und Fitnesstage legen die wenigsten noch im Stillen für ihr persönliches Wohlbefinden ein. Vielmehr werden die mühsam herausgeschundenen Zeitinseln zum öffentlich zelebrierten und angesagten Attribut der Vielbeschäftigen und Leistungsfähigen hochstilisiert. Und selbst die 5. Bedürfnisstufe wird inzwischen ausgiebig für die Befriedigung des Strebens nach Macht, Anerkennung und Status instrumentalisiert – der in der Presse veröffentlichte Gang von Statusträgern ins Kloster ist nur ein Beispiel. Ob in all diesen Fällen auch nur eines der zugrunde liegenden Bedürfnisse wirklich befriedigt werden kann, bleibt fragwürdig.

> **Es scheint den wenigsten bewusst zu sein, was sie treibt – und was sie gegen sich tun!**

● Gelegenheiten vorbeiziehen lassen

Wie auch immer – die Mittel der Befriedigung von Bedürfnissen mit Stellvertretern, mit Attributen anstatt mit Inhalten ließen sich beliebig fortführen. Aber darum geht es nicht. Vielmehr sollte dieser kleine Exkurs Sie einladen, darüber nachzudenken, was Sie brauchen – und wie viel davon –, um glücklich und zufrieden zu sein. Denn wenn wir wissen, welches unsere Bedürfnisse sind, und den Moment erkennen, an dem sie befriedigt sind, dann fällt es uns leicht, Überflüssiges ohne Wehmut an uns vorbeiziehen zu lassen.

Vielleicht haben Sie dieses Gefühl im Kleinen schon einmal erlebt, zum Beispiel wenn Sie vor einem Schaufenster mit einem wunderbaren Ding in der Auslage stehen, wissen, dass Sie das Geld hätten, es zu erwerben, und feststellen, dass Sie es gar nicht brauchen. Sie konnten es bewundern – und vorbeiziehen lassen! Gelassen mehr Dinge und Gelegenheiten an sich vorüberziehen zu lassen, ohne einschreiten, ändern, beeinflussen, dabei sein

oder wichtig sein zu wollen, trägt wesentlich zur persönlichen Entschleunigung bei. Sind wir uns unserer Bedürfnisse und dessen, was genau wir zu ihrer Befriedigung brauchen, bewusst, ist es nicht mehr so leicht, uns zu bewegen, Dingen oder Gelegenheiten hinterherzujagen. Keine Angst, etwas zu verpassen, was wir eventuell brauchen könnten, treibt uns, sondern wir können dem Treiben gelassen zusehen. Das gilt sowohl für den Erwerb von materiellen Dingen als auch für die Verlockungen von immateriellen. Letztere tarnen sich häufig als „Chancen" und kommen in Gesellschaft von Attributen wie „günstig", „letzte", „einmalig" daher. Lassen Sie sich nicht täuschen.

• Die Angst, etwas zu verpassen

Eine andere Variante, die unsere Grundbedürfnisse direkt anspricht, sind Sätze wie: „Sie sind hier der Einzige, der das kann!" Damit wird nicht nur unser Bedürfnis nach Anerkennung und sozialer Einbindung – „Ich bin unersetzlich, also wichtig" – direkt angesprochen, sondern auch unser Bedürfnis nach Sicherheit. Die wahrgenommene

Botschaft wird so interpretiert: „Wenn ich diesen Auftrag nicht übernehme, verliere ich die Sicherheit meines Jobs oder die Anerkennung meines Chefs." Bei diesen oder ähnlichen als Anerkennung getarnten Gelegenheiten sind wir allzu schnell bereit zuzustimmen, weil wir Angst haben, etwas zu verpassen.

Die „gute" Gelegenheit zu mehr Anerkennung, Status, Sicherheit, sozialer Einbindung, Wichtigkeit könnte vorbeiziehen, an uns vorbeiziehen. Und wer weiß, ob sie noch einmal vorbeikommt?

TIPP

Fragen Sie sich in solchen Momenten, ob Sie die vermeintlich gute Gelegenheit für die Erfüllung Ihrer Bedürfnisse wirklich brauchen. Sind Ihre Bedürfnisse nach Anerkennung und Einbindung nicht längst erfüllt? Ist Ihr Grundbedürfnis an Sicherheit wirklich gefährdet? Machen Sie nicht den Fehler, die sich bietende Gelegenheit sicherheitshalber (!) erst einmal zu nutzen. Denn dann stecken Sie in der Beschleunigungsfalle, haben ein Mehr an Arbeit und/oder Zeitdruck zugestimmt, das Sie anschließend durch schnelleres und effizienteres Arbeiten zu kompensieren versuchen. Denken Sie daran: Sie sind kein Hund. Sie müssen nicht in jeden Knochen beißen, der Ihnen vorgeworfen wird!

● Immer erreichbar ist nie erreichbar

In dieselbe Kategorie von „Gelegenheiten" fällt auch das um sich greifende Phänomen, immer und überall erreichbar zu sein. Man braucht nicht weit zu gehen, um im Alltag überall Beispiele beobachten zu können. Die Unsitte, jedes noch so intime Gespräch von einem mobilen Anrufer durch eine potenzielle Gute-Gelegenheit-Botschaft unterbrechen zu lassen, verbreitet sich wie ein Virus. Bald haben so die potenziellen Gelegenheiten auch von unseren gegenwärtigen Gesprächen komplett Besitz ergriffen. Wir werden immer öfter Zeuge einer immer weiter um sich greifenden Angst, etwas Wichtiges im Leben zu verpassen. Selbst im Urlaub ist diese Angst angekommen. Immer mehr Menschen nehmen das Handy oder andere mobile Kommunikationsgeräte mit und sind jederzeit bereit, ihre Freizeit – oder gar ihre freie Zeit – zu unterbrechen. „Man könnte ja etwas verpassen!" treibt sie, jede Gelegenheit, das Gegenteil zu beweisen, wahrzunehmen, auch wenn sie das Gegenteil schon längst nicht mehr zu beweisen brauchen.

Zugunsten einer möglichen besseren, spannenderen, bedürfnisbefriedigenden Zukunft sind wir jederzeit bereit, den Reichtum und die Intensität der Gegenwart aufzugeben. So wird „immer erreichbar" unversehens zu „nie erreichbar". Wir erreichen die immer Erreichbaren nie ganz, denn mit einem Ohr, mit einem Auge, mit einem Teil ihrer selbst sind sie immer auf dem Sprung, schon wieder unterwegs, woanders, nur nicht in der Gegenwart. Das gilt auch für den sich in die Gegenwart drängenden Anrufer. Keiner garantiert ihm, dass der Angerufene nicht noch ein weiteres Handy in der Tasche hat, bei dessen Läuten auch er kurzerhand „weggedrückt" wird – zugunsten einer eventuell noch besseren Gelegenheit?

Wählerischer werden

Im Verlauf eines jeden Tages werden mannigfaltige neue Anfragen, Erwartungshaltungen und Gelegenheiten an Sie herangetragen. Mehrfach am Tag, in der Woche, im Jahr, über die Jahre hören Sie Appelle an Ihr Ego, an Ihr Bedürfnis nach Anerkennung, aber auch an Ihre Suche nach Sinn und Ihr Bedürfnis, Ihre Talente und Fähigkeiten zu erproben. Immer wieder ist die Frage, auf die Sie eine Antwort finden müssen: Ist dies eine Versuchung, der ich nachgeben sollte? Handelt es sich um eine Gelegenheit, meine Bedürfnisse (vorerst) zu befriedigen, oder will man mich für fremde Bedürfnisse einspannen?

Das sind keine leichten Fragen und nicht immer haben oder nehmen wir uns die Zeit, in Ruhe darüber nachzudenken und die Folgen abzuwägen. Viel häufiger, als wir denken, besteht aber eine Wahlmöglichkeit. Je seltener wir uns von Angst und Ego zu vorschnellen, sicherheitsorientierten Entschlüssen hinreißen lassen, desto mehr Bewegungsraum können wir uns erhalten – und entsprechend freie Zeit. Aus dem Zeitmanagement kennen Sie sicherlich bereits die Werkzeuge des Neinsagens. Der Fokus liegt dort darauf, sich durch deutlichere Abgrenzung gegenüber Ansprüchen und Aufträgen unseres Umfeldes besser auf die eigenen Anliegen und Vorhaben zu konzentrieren und damit leistungsfähiger zu werden. Für das Ziel einer Entschleunigung, der Verlangsamung der allgegenwärtigen Beschleunigung, kann eine Anleihe aus dem Zeitmanagement-Instrumentarium durchaus hilfreich sein. Allerdings geht es in diesem Zusammenhang nicht darum, leistungsfähiger, schneller oder effizienter zu werden, sondern dafür zu sorgen, dass Sie die Bodenhaftung der Gegenwart nicht verlieren und sich zumindest zeitweise unregulierte Phasen und Entscheidungsfreiräume erhalten. Das Werkzeug des Abgrenzens gegen eigene und fremde Ansprüche und Wünsche unterstützt Sie darin, wählerisch zu sein.

● Im Zweifel: „Nein"

Um wählerisch im besten Sinne sein zu können, hilft es sich bewusst zu machen, welches unsere eigenen Bedürfnisse und Anliegen sind. So wird auch unsere Entscheidung für oder gegen eine vorbeikommende Gelegenheit oder ein Angebot zu einem bewussten Akt: Wir wählen, und indem wir wählen, übernehmen wir eine aktive Rolle.

Bevor Sie also einer Anfrage wie „Könntest du mal eben …?" oder „Möchten Sie auch …" zustimmen oder sich für ein Angebot „Fünf Tage Entspannung auf dem Kamel" oder „0-Euro-Tag im Vergnügungspark" entscheiden, horchen Sie genau auf Ihre innere Stimme. Hören Sie auf die Zweifel und nehmen Sie sie ernst. Stellen Sie sich vor, wie es sein wird, die Aufgabe auszuführen, das supertolle Angebot anzunehmen oder die einmalige Gelegenheit zu nutzen. Wird es Sie zufriedener machen? Gelassener? Entspannter? Bedächtiger? Wird es zu mehr Pausen, zu mehr Bodenhaftung führen? Befriedigt es in irgendeiner Weise eines Ihrer eigenen Bedürfnisse? Wenn Sie Zweifel hegen, lassen Sie Anfrage, Angebot und Gelegenheit kommentarlos und ohne sich zu rechtfertigen an sich vorbeiziehen. Treten Sie lieber einen Schritt zurück, bevor Sie bereitwillig zusagen. Versuchen Sie das wirklich einmal im Alltag. Treten Sie ganz real ab und zu einen Schritt zurück.

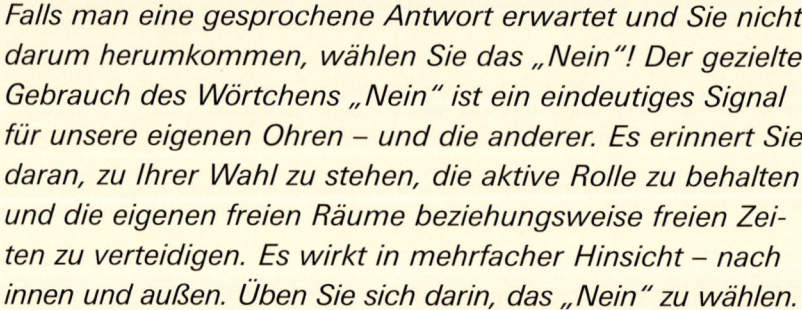

TIPP

Falls man eine gesprochene Antwort erwartet und Sie nicht darum herumkommen, wählen Sie das „Nein"! Der gezielte Gebrauch des Wörtchens „Nein" ist ein eindeutiges Signal für unsere eigenen Ohren – und die anderer. Es erinnert Sie daran, zu Ihrer Wahl zu stehen, die aktive Rolle zu behalten und die eigenen freien Räume beziehungsweise freien Zeiten zu verteidigen. Es wirkt in mehrfacher Hinsicht – nach innen und außen. Üben Sie sich darin, das „Nein" zu wählen.

● Gut getarnt ist doch versucht

Es fällt Ihnen schwer, sich für sich selbst zu entscheiden, Gelegenheiten – und seien sie auch auf den ersten Blick noch so attraktiv – einfach an sich vorbeiziehen zu lassen? Sie finden es mühsam, „Nein" zu sagen, sich abzugrenzen gegen die Ansprüche und Erwartungen anderer? Unsere Bedürfnisse (siehe Seite 90) verlangen in raffinierter Weise nach Futter: Mal tarnen sie sich als Wunsch, anderen zu helfen, mal als Gefühl, für empfangene Leistungen Gegenleistungen erbringen zu müssen, dann wieder als Drang, unentbehrlich und wichtig zu sein, oder als Angst, durch ein Nein zu verletzen. Manchmal fühlen Sie sich gebunden durch (leichtfertige) Zusagen in der Vergangenheit und allzu oft versucht die Sorge, nicht mehr geliebt zu werden, Ihre Wahl zu beeinflussen. Die Befürchtungen, was Nachbarn über das Unkraut in Ihrem Garten denken, Vorgesetzte über Ihren pünktlichen Feierabend, Freunde über Ihre Absage, kratzen an Ihrem Bedürfnis nach Anerkennung. Um dazuzugehören und Ihr Sicherheitsbedürfnis zu beruhigen, lassen Sie sich für Handlungen einspannen, die Sie bei nüchterner Betrachtung abgelehnt hätten.

● Trauen Sie sich!

Bedenken Sie: Mit jedem klaren „Nein" zu den Ansprüchen und Erwartungen Ihrer Mitmenschen wächst die Klarheit in Ihrem Bewusstsein darüber, was Sie für wesentlich in Bezug auf Ihr Glück und Ihre Zufriedenheit erachten. Mit jedem Nein gewinnen Sie an anderer Stelle etwas. Weniger Unsinn lässt mehr Freiraum für Sinn. Weniger falsche Freunde ermöglichen tiefere Verbindungen zu echten Freunden. Weniger Zeit in die Perfektion von Äußerlichkeiten zu stecken lässt mehr freie Zeit für die innere Entwicklung übrig.

Stärken Sie Ihr Selbstvertrauen, sorgen Sie für Ihre Bedürfnisse mit „echtem" Futter und nutzen Sie Ihre Kraft, um sich aus überflüssigen Verstrickungen und Abhängigkeiten zu lösen. Riskieren Sie es ruhig einmal, sich bei anderen unbeliebt zu machen und Ihren eigenen Weg zu gehen. Die

Welt wird sich weiterdrehen. Lassen Sie auch den Ärger, die schnippischen Bemerkungen und das Gerede der anderen an sich vorbeiziehen. Machen Sie sich dafür öfter bei sich selbst beliebt und führen sich zum Bummeln in Ihrem Leben aus.

Anregung: Bewusster wählen

Prüfen Sie folgende Verstärkungssätze und ergänzen Sie diese nach Bedarf um weitere:

- Ich entscheide mich für mich.
- Ich bin gern bereit, die Konsequenzen zu tragen.
- Ich gebe dem Echten den Vorzug.
- Ich bin durchlässig (biete keinen Widerstand).
- Ich sage nicht „Ja", wenn ich „Nein" fühle und denke. Mein „Nein" ist ein „Nein" und kein „Jein".
- Ich treffe nur Vereinbarungen, die ich einhalten will und kann.
- Ich bin für niemanden eine Freude/Hilfe, wenn ich mich selbst verausgabe.
- Dies ist mein Leben, meine Lebenszeit und sie ist mein Kostbarstes, nicht eures.

Versuchen Sie, diese – und gegebenenfalls eigene – Verstärkungssätze zu verinnerlichen. Sagen Sie sich die Sätze immer wieder vor, sodass Sie sich in entsprechenden Situationen daran erinnern und darin bestärken, klug zu handeln. Üben Sie sich im bewussten Wählen von Echtem und im bewussten Abwählen von Überflüssigem. Suchen Sie sich Vorbilder. Sie finden sie am ehesten dort, wo es leise und bedächtig zugeht.

Vom Wollen und Müssen

Wörter formen, wie wir schon an anderer Stelle beobachtet haben, Sprache. Sprache wiederum verändert unser Tun und Empfinden. Indem wir einschränkende, regulierende Wörter schon im Denken durch öffnende, üppige, lebensfrohe Wörter ergänzen und so die Palette erweitern, erobern wir uns neue Entscheidungsfreiräume und Handlungsmöglichkeiten zurück. Nehmen wir zum Beispiel das Wort „muss".

● Kleine Worte – große Wirkung

Wie oft am Tag beginnen Sie einen Satz mit „Ich muss ..."? Wie oft beschränken Sie Ihre Perspektive auf Ihr Leben freiwillig, indem Sie in „Ich muss"-Sätzen denken? Viele Menschen, befragt nach ihren Plänen für den Tag, antworten mit einem Bandwurmsatz, in dem sich unzählige „Ich muss dies …, ich muss noch das …, dann muss ich jenes …"-Floskeln aneinanderreihen. Begleitet wird diese endlose Liste von „müssen" zumeist von einem Seufzen, das überzeugen soll, dass es keine Wahl gibt.

„Ich muss"-Gedanken sind bequem. Wir geben mit ihnen unsere Verantwortung ab, über unsere Handlungen und das Maß der Ausführung zu entscheiden. Wer aber genau ist derjenige, der uns zwingen kann, dass wir „Ich muss ..." sagen? Wer hat gesagt, dass wir müssen? Bei genauerer Betrachtung gibt es eine solche Instanz nicht. Wirklich müssen müssen wir gar nichts – außer so elementare, lebenserhaltende Aktivitäten wie essen, trinken und schlafen. Niemand außer uns selbst kann über uns verfügen und bestimmen, was wir tun und was wir lassen, es sei denn, wir haben dieser Fremdentscheidung irgendwann zugestimmt – aus welchen Gründen auch immer.

Wie wäre es, wenn Sie – zunächst in Ihren Gedanken – als Alternative zu den fesselnden „Ich muss"-Sätzen einmal „Ich-will"-Sätze probierten? Befreien Sie Ihre Gedanken von dem erstickenden Einfluss des Müssens. Nehmen Sie sich die Freiheit, zu wollen!

● Wollen weckt Widerstand

„Das klingt gut!", meinen Sie. „Aber wie soll das gehen?" Beginnen Sie mit einem einfachen Schritt: Ersetzen Sie probehalber einmal eines Ihrer „Muss" durch ein „Will". Sie sagen jetzt zum Beispiel nicht mehr „Ich muss noch aufräumen" oder „Ich muss mich mit Herrn D. treffen", sondern Sie sagen, möglichst laut: „Ich will noch aufräumen" oder „Ich will mich mit Herrn D. treffen". Horchen Sie dabei genau hin: Was macht die Veränderung des einzelnen Wortes in dem Satz mit Ihnen? Was bewirkt es in Ihrer Haltung? Wie fühlt sich der Satz an? Was denken Sie? Sie werden feststellen, dass etwas

Erstaunliches passiert: Plötzlich fangen Sie nämlich an, infrage zu stellen, ob Sie überhaupt aufräumen oder sich mit Herrn D. treffen wollen.

Sie werden unwillkürlich wählerisch, prüfen, ob es stimmt, was Sie da sagen. Wenn Sie in „Ich muss ..."-Sätzen denken, stellen Sie das zu Erledigende nicht infrage. Sie tun so, als hätten Sie keinen Einfluss auf Ihre Entscheidung und als könnten Sie nichts daran ändern. Ein „Ich will ..."-Satz dagegen ruft sofort Ihren Widerspruchsgeist hervor, Sie hinterfragen ihn prompt: „Will ich das wirklich?" Erstaunlich, oder?

Anregung: „Ich will" anstatt „Ich muss"

Probieren sie den Effekt noch einmal aus, am besten gleich etwas konkreter: Überlegen Sie, was Sie heute noch alles meinen zu „müssen".

Schreiben Sie alle Aufgaben in ganzen Sätzen auf, indem Sie mit „Ich muss ..." beginnen. Lassen Sie viel Abstand zwischen den einzelnen Sätzen. Wenn Sie fertig sind, ersetzen Sie jedes vorkommende „muss" (oder „soll") in Ihrer Liste durch „will". Jetzt sprechen Sie sich jeden einzelnen Will-Satz laut vor. Lassen Sie sich Ihre neuen „Ich will …"-Sätze auf der Zunge zergehen und beobachten Sie sich selbst. Was passiert? Wie fühlen Sie sich?

Übrigens: Falls Sie bei Durchsicht Ihrer Liste hier und da zu dem Schluss kommen: „Das will ich eigentlich gar nicht", dann lassen Sie es für jetzt (und am besten komplett) und freuen Sie sich über das leere Zeitfenster, das sich – da Sie ja nun keinen Plan mehr haben – unversehens für Sie öffnet.

Überprüfen Sie öfter Ihre „Ich muss …"-Sätze durch den „Ich will …"-Test und lassen Sie Ihren Widerspruchsgeist aktiv werden.

Entscheiden Sie sich bewusster für oder gegen das Tun, seien Sie wählerisch und übernehmen Sie Verantwortung für Ihre Wahl!

● Müssen aus Gewohnheit

Wir haben uns so sehr angewöhnt, die unsichtbare höhere Instanz hinter dem Müssen zu bemühen, dass wir sie andauernd in Anspruch nehmen. Wie oft sagen wir zum Beispiel am

Telefon: „Lass uns mal Schluss machen, ich muss noch dies und das erledigen (die Wäsche, die Hausaufgaben, den Einkauf, den Bericht …)!" Doch das ist nicht wirklich wahr. Wahr ist, dass wir uns entschieden haben, das Telefonieren zugunsten von etwas anderem zu beenden, das uns – aus welchen Gründen auch immer – wichtiger ist, als weiter zu telefonieren. Wir haben aktiv gewählt und uns für unsere Bedürfnisse entschieden, aber wir sagen es nicht. Wenn Sie in Ihrem Umfeld den Gesprächen lauschen – und auch sich selbst zuhören –, so finden Sie überall Beispiele dafür, dass die höhere Instanz des Müssens bemüht wird, um die Entscheidung für uns selbst nicht offen darzulegen.

Man könnte das Phänomen oberflächlich nur als Höflichkeit interpretieren. Immerhin klingt es viel netter, zu sagen „Ich muss noch etwas tun" als „Ich will jetzt nicht mehr mit dir sprechen". Dahinter steckt häufig Angst oder auch unser Bedürfnis nach sozialer Anerkennung und Liebe.

Die lange Version des höflichen kurzen Bescheids klingt nämlich so: „Wenn ich dir direkt sage, dass ich jetzt nicht mehr mit dir sprechen möchte, dann magst du mich vielleicht nicht mehr (weil ich dir etwas anderes vorziehe). Und deshalb sage ich dir das nicht direkt, sondern schiebe einen bösen anderen vor, der mir keine Wahl lässt. Wenn du also jemandem deine Liebe entziehen willst, dann entziehe dieser höheren Befehlsinstanz deine Zuneigung – oder den Umständen, der Gesellschaft, dem Wirtschaftssystem, der Globalisierung …"

● Verantwortung übernehmen

„Und was ist daran falsch, man will doch den anderen nicht verletzen!", fragen Sie? Richtig, aber in diesem Zusammenhang geht es nicht darum, wie man wertschätzend, klar und aufrichtig miteinander kommuniziert. Das steht auf einem anderen Blatt. Hier geht es darum, dass Sie sich entschieden haben, Verantwortung abzugeben. Denn genau das tun wir jedes Mal, wenn wir die Müssen-Instanz vorschieben. Wir tun so, als ob wir nicht mehr verantwortlich für unsere Wahl und unsere Bedürfnisse sind. Je öfter wir das tun, desto mehr glauben wir uns selbst. Irgendwann sind unser Leben und unsere Kommunikation so voll vom Müssen, dass wir der Müssen-Instanz alle Macht, für uns zu wählen, überschrieben haben – in unseren Gedanken, unserem Empfinden und zuletzt auch in unserem Tun. Wir müssen nur noch dies und jenes und rund um die Uhr. Von freier Zeit oder mäandernden Flüssen ist keine Rede mehr, wir wagen nicht einmal mehr, davon zu träumen. Ohnmacht im wahrsten Sinne (ohne Macht) breitet sich aus und verstellt uns die Sicht selbst auf die offensichtlichen Freiräume und Wahloptionen, die wir haben. Wir müssen jedes Jahr ein neues Sofa haben, wir müssen ein Einzelzimmer haben, wir müssen strategisch denken, wir müssen (mehr) Geld verdienen, wir müssen alle einladen, wir müssen uns dem Modediktat unterwerfen, wir müssen ein poliertes Auto fahren, wir müssen uns fit halten, wir müssen die neuen Kinofilme anschauen, wir müssen etwas von Kunst verstehen, wir müssen mal eben zwischendurch das Handy abhören – die Reihe lässt sich unendlich fortführen.

Welche Alternative gibt es? Wie können wir wach bleiben und unsere Wahlmöglichkeiten bewahren?

● Klartext denken – und reden

Hören Sie auf die Bedürfnisse hinter den vordergründigen Worten. Lauschen Sie! Schauen Sie sich um! Schlüpfen Sie in die Rolle des Beobachters! Entwickeln Sie Ihr Gespür für das Sein hinter dem Schein, für die Entscheidungen hinter den vorgeschobenen Müssen-Instanzen. Ersetzen Sie insgeheim jedes gehörte Müssen in ein Wollen. Wie klingt die Welt um Sie herum nun?

Und wenn Sie das nächste Mal in Versuchung kommen, selbst die höhere Müssen-Instanz für Ihre Bedürfnisse einzuspannen, dann trauen Sie sich, Stellung zu beziehen. Ersetzen Sie das „Ich muss" durch ein „Ich will", prüfen Sie, ob Sie wirklich wollen, und kommunizieren Sie Ihr Bedürfnis anschließend so wahrhaftig wie möglich.

TIPP

Seien Sie aufrichtig, klar und eindeutig. Das muss beileibe nicht grob, ungehobelt und verletzend sein, im Gegenteil. Sie zollen Ihren Mitmenschen mehr Respekt, indem Sie Ihre Wahl beim Namen nennen, als wenn Sie ihnen unterstellen, Ihre Schummeleien und Ausflüchte nicht als solche zu erkennen.

Zugegeben, es ist ungewohnt, zu sagen „Ich möchte dieses Gespräch jetzt beenden, weil ich die Nachbarin besuchen will!", anstatt „Ich muss dieses Gespräch jetzt beenden, weil ich die Nachbarin besuchen muss!". Es braucht wahrscheinlich ein

wenig Übung, bis es Ihnen wieder leichter fällt, selbst zu erkennen – und zu formulieren –, was wahr ist, und ohne die höhere Müssen-Instanz auszukommen. Übrigens: Je weniger wir geübt sind, unsere Entscheidungen in „Ich will"-Sätzen zu formulieren, desto weniger sind wir es auch gewohnt, wahrhaftige Formulierungen zu hören. Weil es im Alltag so selten geworden ist, dass jemand sich nicht hinter der höheren Instanz des Müssens versteckt, klingen „Ich will"- oder „Ich möchte"-Sätze seltsam direkt in unseren Ohren. Wertschätzen Sie das Bemühen anderer um wahrhaftige Kommunikation und bestärken Sie sie darin, damit fortzufahren!

Sich selbst bewusst verbinden

Unser Organismus liefert eindeutige Signale, wenn wir ihn überfordern. Das ist ein Geschenk, das wir allzu oft leichtfertig missachten. Anstatt uns bewusst von schädlichen Gewohnheiten zu lösen, sorgen wir vielmehr dafür, dass wir jederzeit und an jedem Ort am Zuviel teilhaben. So binden wir uns unter anderem auch an den dahineilenden Informationsstrom und vernachlässigen währenddessen immer gründlicher die Halt gebenden persönlichen Bindungen.

Auf die Warnsignale achten

Es stimmt schon manchmal nachdenklich, wenn Ich-hab-nie-Zeit-Kandidaten sich ein Bein brechen, wenn sich in einer Gesprächsrunde jemand so verschluckt, dass er fast erstickt, wenn Trainer ihre Stimme verlieren. Der Fluss der Dinge ist gestört, etwas ist aus dem Rhythmus geraten und der Körper sendet uns entsprechende Botschaften, die uns mehr oder weniger deutlich darauf hinweisen. Ignorieren wir diese hartnäckig, vertun wir eine Chance, rechtzeitig wieder für Balance zu sorgen.

Fast jeder von uns – in fortgeschrittenem Alter allemal – hat schon erlebt, was passiert, wenn er die ersten Anzeichen einer Erkältung nicht zur Kenntnis nimmt und mit zusammengebissenen Zähnen weiterarbeitet. Gern nehmen wir die Angebote der Medikamentenhersteller an, zu „helfen". Mit fiebersenkenden Mittelchen, Kopfschmerztabletten und Muskelschmerzen lindernden Salben und Ähnlichem mehr stellen wir die lauter werdenden Hilferufe unseres Körpers kurzerhand ab und machen weiter wie zuvor.

Das geht in der Regel so lange „gut", bis die Signale nicht mehr zu ignorieren sind: „Wenn du nicht hören willst, dann musst du eben fühlen", scheint unser Körper in höchster Not zu beschließen, und zwingt uns in die Waagerechte. Dort liegen wir nun zwei, drei Wochen mit Fieber im Bett. „Zwangs-ruhiggestellt" ist wahrscheinlich nicht die abwegigste Bezeichnung. „Seht her, ich bin wirklich krank, ich habe Fieber, meine Stimme ist weg!", entschuldigen wir uns für unsere Schlappe, unser Nicht-Funktionieren. „Ich kann wirklich nicht mehr!", hauchen wir in den Telefonhörer und sinken „mit Recht" in die Kissen. Endlich bekommt unser Körper – und mit ihm unser Geist und unsere Seele – eine Pause, um sich zu erholen.

Und es ist immer derselbe Ablauf: Geben wir nicht rechtzeitig Ruhe, sorgen wir nicht für unser

Wohlbefinden, weigern wir uns, hinzuhören und die frühen Warnsignale ernst zu nehmen, uns um Balance zu bemühen, auf die Bremse zu treten, wird unser Körper deutlicher, bis wir nicht mehr weiterrennen können und ihm schließlich die nötige Pause gönnen.

● Störungsfrei funktionieren

Warum nur lassen wir es so weit kommen? Weil es in unserer beschleunigten Welt nicht opportun ist, nicht mehr einwandfrei zu funktionieren. Wir erwarten von uns selbst – und anderen –, wie eine Maschine zu funktionieren, eine Maschine im Dreischichtsystem, wie ein geölter Blitz und rund um die Uhr. Gibt es eine Störung, halten wir das System unwillig an, aber bitte nur so kurz wie möglich. Immerhin ist Zeit Geld und Stillstand kostet Geld. Die Reparatur erfolgt entsprechend effizient – mit Pillen oder einem schnellen Wellness-Wochenende zwischendurch, einem Ersatzteil, einer Desensibilisierung. Und schon kann es weitergehen.

Nur: Wir sind keine Maschinen, keine Autos. Wir sind nicht für gleichmäßiges Durcharbeiten auf demselben Niveau und im Rund-um-die-Uhr-Betrieb gemacht. Der Wechsel von Bewegung und Stillstand, von Tun und Ruhen, von Geschwindigkeit und Langsamkeit, dafür sind wir organisch, geistig und seelisch ausgerüstet.

Wer sich nicht an dieses Funktionsprinzip hält, wird „niedergestreckt" für eine meist schmerzhafte Pause im Bett.

● Das Topf-Prinzip

Das Topf-Prinzip geht davon aus, dass ein Topf nur eine endliche Menge fassen kann. Füllt man mehr in den Topf, als er fassen kann, fließt das zugegebene Zuviel an Inhalt über den Rand.

Um das Topf-Prinzip zu verstehen, stellen Sie sich vor, Sie wären ein Gefäß, vielleicht ein Topf. Nun befüllen Sie Ihren Topf: mit Lärm, mit Sorgen, mit Schlafentzug, mit Ärger, mit eigenartigen Lebensmitteln wie quietschrosa Joghurt und geschmacksverstärkten Fertiggerichten, mit hochprozentigem Alkohol, mit Staub, mit Pollen, mit stinkenden Abgasen, mit Stress, Tausenden von Informationen, ständiger Abrufbereitschaft und Ähnlichem

mehr. Auf diese Weise erhöht sich der Belastungspegel in Ihrem Topf bis an den Rand. Als Letztes lassen Sie jetzt eine Erdbeere in den Topf fallen. Da der Topf aber randvoll ist, passt die Erdbeere nicht mehr hinein und „fließt" über. Im realen Leben zeigt sich das Über-den-Rand-Fließen als Abwehrreaktion. Unser Körper wehrt sich gegen das Zuviel. Die Diagnose in unserem Beispiel ist schnell bei der Hand: „Oh, ich habe eine Erdbeerunverträglichkeit! Ich reagiere offensichtlich allergisch auf Erdbeeren!" Dabei ist nicht die Erdbeere das Problem. Sie ist nur ein beliebig austauschbares Beispiel für den Tropfen, der das Fass zum Überlaufen bringt.

● Die Grenzen akzeptieren

Wer das Topf-Prinzip verinnerlicht hat, weiß, dass deshalb das Weglassen von Erdbeeren das Problem an sich nicht lösen wird. Anstatt der Erdbeere hätten wir auch etwas anderes hinzufügen können, der Topf wäre ebenso übergelaufen. Auch die Qualität des zuletzt Hinzugefügten ist unwichtig, es kann etwas Gesundes, Zuträgliches sein oder auch etwas Unzuträgliches. Ausschlaggebend ist die bereits vorhandene Gesamtmenge und wie viele Kapazität diese bereits bindet. Wir sollten akzeptieren, dass unser Topf nur ein begrenztes Fassungsvermögen hat. Wenn er voll ist, ist er voll. Wenn uns Erdbeeren wichtig sind, dann bleibt nichts anderes übrig, als etwas anderes aus dem Topf zu entfernen, um Raum zu schaffen – zum Beispiel für Erdbeeren. Wenn aber alle unsere Kapazitäten schon darin gebunden sind, Unsinniges, Unzuträgliches, Anstrengendes und übermäßig Belastendes zu verarbeiten, dann ist kein Raum mehr für etwas anderes, und sei es auch noch so lecker, zuträglich, gesund, wohltuend. Wir kennen das an dem Zustand absoluter Erschöpfung: Wenn wir vollkommen und in jeder Beziehung ausgelaugt in der Sofaecke hängen, kann selbst ein belebendes Bad oder der Gang ins Bett zu viel sein. Keine zehn Pferde bringen uns dazu, noch einen einzigen weiteren Schritt zu tun, nichts geht mehr.

Fallbeispiel: Die neue Mitbewohnerin

Vor einigen Jahren lief Sarah M. eine Katze zu. Sie fand das mitleiderregende winzige Geschöpf ausgehungert, fast taub und blind, apathisch vor ihrer Küchentür hockend. Ohne lange nachzudenken, nahm sie das Tier zum Aufpäppeln mit und richtete sich auf den neuen Mitbewohner ein. Man muss dazu wissen, das Sarah M. ihr ganzes Leben lang mit starken allergischen Anzeichen auf alle pelzigen Vierbeiner reagiert und deshalb bisher jeden Kontakt tunlichst gemieden hatte. Wie durch ein Wunder zeigte sich trotz der Nähe zu dem neuen Mitbewohner und den unvermeidlichen Katzenhaaren auf den Möbeln keines der bisherigen Symptome. Nach drei Monaten – die Katze war inzwischen wieder einigermaßen wohlauf – setzten bei Sarah M. schwerste Magenschmerzen ein. Der Arzt diagnostizierte die Entwicklung einer Zöliakie – Gluten-Unverträglichkeit. Bei Gluten-Unverträglichkeit sind sämtliche Speisen, die Getreideelemente enthalten, zu meiden. Sarah M. ist Anhängerin des Topf-Prinzips. Sie sagt: „Die Katzenhaare waren offensichtlich zu viel für mich, der Topf lief über. Ich hätte eine Therapie machen können. Aber das kam nicht infrage, die Zeichen waren offensichtlich. Für mich gab es damals die Alternative: Katze weggeben oder in Zukunft auf Mehlspeisen verzichten! Ich hab mich für meine kleine Mitbewohnerin entschieden und bereue das keinen Tag."

● Die Grenzen ausdehnen?

Die begrenzte Kapazität des individuellen Topfes, um im Bild zu bleiben, passt uns nicht. Es fällt uns als Kindern einer „Alles ist möglich"-Kultur schwer, zu akzeptieren, dass es Grenzen des Wachstums gibt. So ersinnen wir immer wieder neue Möglichkeiten und Techniken, das Topf-Prinzip zu überlisten. Anstatt dankbar zu sein, dass unser Körper und unsere Psyche trotz aller Belastung noch sensibel genug sind, uns deutliche Signale über den übervollen Zustand unseres Topfes zu senden, desensibilisieren wir uns. Sensibel sein bedeutet laut Duden: feinfühlig, empfindsam zu sein. Indem wir uns desensibilisieren, sorgen wir also unglaublicherweise absichtlich dafür, dass wir weniger feinfühlig und empfindsam sind! Entgegen der landläufigen Auffassung desensibilisieren wir uns nicht gegen natürliche Pollen, gegen Staub, gegen die Überzahl von Chemikalien, mit denen wir die Produktionsprozesse rationalisieren. Wir desensibilisieren mit hohem medizinischem Aufwand unsere Wohlbefindlichkeitswächter. Wir sorgen dafür, dass wir die Warnsignale nicht mehr hören (müssen).

Alles dreht sich nur darum, die Grenzen der menschlichen Topfkapazität unentwegt künstlich auszudehnen, auf dass noch etwas mehr hineinpasst und wir trotz aller Belastung leistungsfähig und produktiv bleiben!

● Wie hoch ist der Pegel in Ihrem Topf?

Beantworten Sie die folgenden Fragen. Für jedes „Ja" notieren Sie zwei Punkte, für jedes „Manchmal" einen Punkt und für jedes „Nein" null Punkte.

● Regen Sie sich leicht auf?

● Sind Sie überempfindlich?

● Nehmen Sie alles sehr genau?

● Sind Sie mit Ihrer jetzigen Situation unzufrieden?

● Sind Sie leicht missgünstig oder eifersüchtig?

● Verlieren Sie schnell die Geduld?

- Können Sie sich schlecht entscheiden?

- Haben Sie oft Angst, machen sich viele Sorgen?

- Fühlen Sie sich am Arbeitsplatz unentbehrlich?

- Haben Sie das Gefühl, den Anforderungen nicht zu entsprechen?

- Leiden Sie häufig unter Zeitdruck?

- Haben Sie keine Freude mehr an Kleinigkeiten?

- Sind Sie süchtig (nach Zigaretten, Adrenalin, Süßem, Medien)?

- Leiden Sie unter Schlafstörungen?

- Haben Sie morgens Schwierigkeiten beim Aufstehen?

- Sind Sie wetterfühlig?

- Haben Sie das Gefühl, sich nicht genügend zu bewegen?

- Schmerzt Sie häufig der Kopf oder regelmäßig ein anderer Körperteil (zum Beispiel die Zähne)?

- Leiden Sie häufig unter Magenbeschwerden?

- Sind Sie geräuschempfindlich?

- Haben Sie in aufregenden Situationen feuchte Hände?

Ihre Auswertung:

0–5 Punkte
In Ihrem Topf sind ausreichend freie Kapazitäten vorhanden. Ihr Organismus ist sehr stabil.

6–11 Punkte
Manchmal macht Ihnen der Inhalt Ihre Topfes schon zu schaffen. Ihr Körper sendet bereits Signale!

12–17 Punkte

Ihr Topf ist ziemlich voll mit allerlei, das Sie belastet. Durch körperliche Aktivität und Pausen können Sie sich Erleichterung verschaffen.

18–25 Punkte

Ihre Kapazitäten sind fast ausgeschöpft. Es wird Zeit, nicht nur kurzfristige Pausen und mehr körperliche Aktivitäten gegen Überflüssiges auszutauschen, sondern den Inhalt Ihres Topfes grundsätzlich zu überprüfen.

26 und mehr Punkte

Der Topf ist randvoll. Jede weitere Minizutat bedroht Ihre Gesundheit. Sie sollten sich ernsthafte Gedanken über Ihre Lebensführung machen und diese konsequent an die Kapazitäten Ihres Topfes anpassen.

● Maß halten!

Wenn der Weg der Entschleunigung uns dazu führt, das rechte Maß wiederzufinden, dann heißt das vor allem, das rechte Maß für unseren individuellen, persönlichen Kapazitätentopf zu finden. Es gibt so viele unterschiedliche Töpfe, wie es Menschen gibt. Keine zwei sind gleich. Entsprechend kann es keine allgemeingültige Regel geben, wie viel denn in jeden Topf passt, und es gibt auch keine einheitliche Regel, wie die optimale Zusammensetzung des Inhalts ist. Jeder Einzelne ist dazu aufgerufen, auf seinen persönlichen Topf zu achten und Maß zu halten. Erfahrungswerte, was dem Gesamtbefinden gut oder abträglich ist, was die Kapazitäten des persönlichen Fassungsvermögens über Gebühr vereinnahmt oder auch, was am besten nur in minimalen Dosen zugefügt werden sollte, können uns darin unterstützen, eine ausgewogene Balance im Topf herzustellen. Frische Lebensmittel, so wenig künstliche Stoffe wie möglich, ausreichend Schlaf, Bewegung, frische Luft, ausreichend freie Zeit, inspirierende Kontakte, liebevolle Gesellschaft, sinnliche Erfahrungen, Stille, Pausen beanspruchen nur wenig Kapazitäten.

Drogen, einseitige Befüllung (egal wovon zu viel), Lärm, Hektik, Ärger, Hetze nehmen dagegen viel Verarbeitungskapazitäten ein – und besetzen den Platz für Zuträgliches.

TIPP

Seien Sie dankbar für Ihre Sensibilität!
Achten Sie darauf, womit Sie Ihren Topf befüllen. Schützen Sie Ihren Topf vor denen, die eigenmächtig ihren Schrott in Ihren Topf fallen lassen. Entwickeln Sie ein Gespür für die Gesamtbefüllung – wie viele freie Kapazitäten sind noch da? Lauschen Sie auf die Signale Ihres Topfes – nicht erst, wenn die Erdbeere über den Rand fällt. Und wenn die Erdbeere doch über den Rand fällt: Überlegen Sie, was Sie Überflüssiges aus dem Topf entfernen könnten, um Platz für leckere Erdbeeren zu schaffen. Seien Sie wachsam gegenüber allen Versuchen, Ihren Topf künstlich ausdehnen zu wollen. Auch ein künstlich vergrößerter Topf hat Grenzen!

● Die Topf-Inventur

Nehmen Sie die Idee des Topf-Prinzips auf und betrachten sich selbst einmal als Topf. Schauen Sie in sich hinein. Was sehen Sie? Nehmen Sie alles, was Ihre geistigen, seelischen und emotionalen Kapazitäten beansprucht, heraus und breiten es vor sich aus. Wiederum nehmen Sie dazu einen großen Bogen Papier zu Hilfe. Geben Sie jedem Teil aus Ihrem Kapazitätentopf einen Namen und eine Form, ungefähr in der Größe, die der Aspekt in

Ihrem Kapazitätentopf einnimmt. Belastende UND zeitaufwendige Aspekte nehmen den größten Raum ein, zeitaufwendige, aber nicht belastende Aspekte kennzeichnen Sie durch entsprechend kleinere Formen.

Das Beispiel der Topf-Inventur von Michael P. kann Ihnen einen Anhaltspunkt geben, wie eine Topf-Inventur ausfallen kann. Sie werden feststellen, dass Ihre Inventur im Lauf der Jahreszeiten

und Jahre immer wieder anders ausfällt. Was in jungen Jahren vielleicht noch wenig Kapazitäten bindet, nimmt in späteren Jahren mehr Raum ein, was zu bestimmten Jahreszeiten durch außergewöhnliche Belastungen besetzt war, wird zu anderen wieder frei.

Wiederholen Sie die Topf-Inventur immer einmal wieder und entwickeln Sie ein Gefühl für das rechte Maß ihrer Kapazitäten.

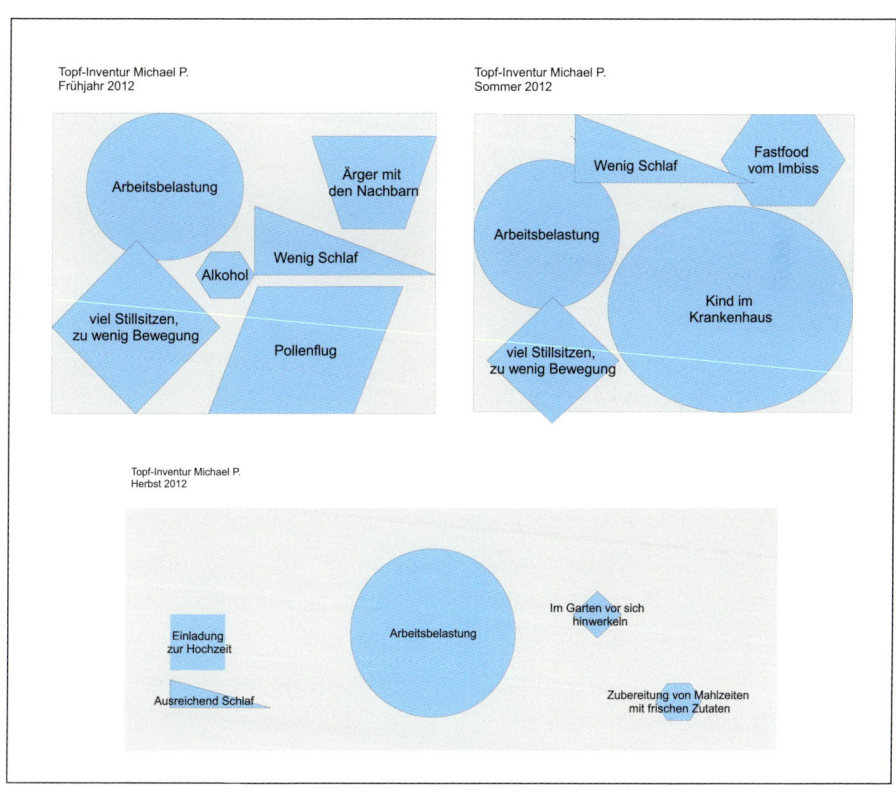

Im pausenlosen Takt der Technik

Kein Blackberry? Kein iPhone? Kein Smartphone? Kein Twitter-Account? Nicht auf Facebook? Nicht in XING? Keinen You-Tube-Account? Kein Navi im Auto? Kein Flachbildfernseher? Kein Blu-ray-Player? Kein iBook? Keine Apps? Kein MP3-Player? Keine Mobilnummer? Ganz klar: Ein Loser!

Wer sich heute nicht bereitwillig dem schnellen und obendrein ununterbrochenen Takt der technischen Kommunikationsmittel hingibt, hat den Anschluss offensichtlich verpasst.

Doch nicht nur die Arbeitsweise dieser Geräte ist pausenlos und treibt uns an zu überdrehter Geschwindigkeit. Auch die Lebenszyklen der Geräte selbst sind kurz und schnell. Hat man gerade noch die neueste Kamera, den schnellsten PC, den modernsten Fernseher ausgewählt, beschleicht einen schon kurz nach der Kasse das ungute Gefühl, eine Antiquität erworben zu haben. Eine Antiquität übrigens, deren technische Möglichkeiten nur die allerwenigsten von uns brauchen – geschweige denn ausreizen.

● Im Schnattern untergehen

Dass die Eigenschaft eines Mittels ist, etwas zu vermitteln, also eine Verbindung zwischen einem und dem anderen herzustellen, haben wir längst aus dem Fokus verloren. Die überwiegende Zahl der Kommunikationsvorgänge beschränkt sich auf den rein technischen Vorgang. Wir kommunizieren ohne Unterlass, und was dabei vermittelt wird, der Inhalt, ist längst zur Nebensache geworden. Hauptsache, wir kommunizieren, sind dabei, machen mit.

Haben Sie schon einmal einen Schwarm Stare belauscht? Sie brauchen eigentlich gar nicht zu lauschen: Das unablässige, durchdringende und aufgeregte Geschnatter ist so ohrenbetäubend, dass der Gesang des einzelnen Stars gar nicht mehr hörbar ist.

Wir sind wie Stare, wir schnattern ohne Unterlass, und damit wir in der Fülle, Lautstärke und Dichte noch gehört werden, auch über größere Entfernungen hinweg, von jedem, der uns hören will oder auch nicht, haben wir allerhand technische Verstärker entwickelt. Das Vertrackte daran ist: Wenn alle lauter und schneller kommunizieren, muss jeder Einzelne noch ein wenig lauter und schneller kommunizieren, um gehört zu werden.

Wenn aber alle irgendwann schreien, dann wird keiner mehr gehört. Die Vielzahl und Pausenlosigkeit der Signale wird zum nicht mehr interpretierbaren Rauschen. Immer kommunizieren wird dann so wirksam wie gar nicht kommunizieren.

Paradoxerweise haben wir Menschen gegen das ständige und unablässige Rauschen um uns herum auch Gegengeräte entwickelt. Erst war es der tragbare Kassettenrekorder, dann der tragbare CD-Player und schließlich der MP3-Player, mit dem wir unsere Ohren vor dem Rauschen verschlossen. Mithilfe dieser Geräte schalten wir das Geschnatter um uns herum aus – und anderes Geschnatter ein. Immerhin vermittelt uns diese Wahl des kleineren Übels ein Gefühl von Freiheit.

● Im pausenlosen Rausch

Allen diesen Mittlern von Inhalten ist aber eines gemeinsam: Sie sind nicht real und sie laufen in Endlosschleifen! Was immer aus den winzig kleinen oder überdimensionalen Lautsprechern kommt, es ist „aus der Dose". Wer einmal einem Livekonzert beigewohnt hat, weiß, dass die auf Bändern, Servern oder mobilen Geräten wiedergegebene Version nur einen Bruchteil der Gesamtqualität von Sinneseindrücken vermitteln kann. Und dabei ist es nicht nur schade um die verlorene Klangqualität – die meisten Ohren sind weniger sensibel, als die modernen Wiedergabegeräte fein justiert sind. Ein wirklicher Verlust sind die Sinnlichkeit, die Nähe, die Gefühle, etwas mit anderen Menschen zu teilen, um Gemeinsamkeit und Austausch zu erleben. Der größte Verlust aber ist die Qualität des Besonderen, des Einzigartigen. Wir berauben uns der Möglichkeit, das Gehörte, Gesehene und Gefühlte noch eine Weile auszukosten – weil schon das Nächste unmittelbar folgt. Warum also geben wir uns damit zufrieden, pausenlos Radio zu hören, anstatt einmal in ein Konzert zu gehen, pausenlos zu telefonieren, anstatt uns ab und zu gegenseitig zu besuchen, Hunderte von belanglosen Mails zu senden, anstatt einmal einen richtigen Brief zu schreiben? Nicht einmal im privaten Kontext nehmen wir uns noch die Zeit, um direkt zu kommunizieren. Warum nicht?

● Sofort und überall

Ein Grund könnte unsere Gewöhnung an die ständige Verfügbarkeit von allem und jedem an jedem Ort sein: Ich will Musik hören, sofort und hier! Ich will mit dir sprechen, sofort und von hier aus. Ich will wissen, was du von meinem neuen T-Shirt hältst, sofort und egal wo du bist. Ich will mich mit dir verabreden, sofort und egal ob es dir gerade passt. Ich will dir von meinem Urlaub Bilder zeigen, jetzt und per Handy. Per SMS, Bildschirm und E-Mail kann ich mein Bedürfnis sofort und von überall befriedigen. Und weil ich es mithilfe der Technik kann, tue ich es

auch. Dabei leisten wir mit jedem kleinen Anzapfen der „Sofort und von überall"-Geräte einen Beitrag zu der beklagten Beschleunigung der Abläufe. Es ist ja nicht so, dass die anderen nur uns überhäufen mit ihren Anfragen, Angeboten, Informationen und Terminen, sondern wir tragen unseren Teil dazu bei. Wir halten uns ständig empfangsbereit dafür – sonst würden wir das Handy und den Fernseher ausschalten, das iBook zuklappen und das Telefon auf stumm stellen.

„Ja, aber im Arbeitsumfeld sind die Geräte wirklich hilfreich", behaupten die Befürworter der schnellen Sofort-Kommunikation. Dabei wissen wir alle: Die immer schneller und kleiner werdenden Kommunikationswerkzeuge nehmen uns weniger zeitraubende Arbeit ab, als sie Bedien- und Wartungszeit von uns benötigen. Sie führen mitnichten zu mehr Gelassenheit und inhaltsvollerem Kommunizieren, sondern zu immer größerer Beschleunigung des Austausches.

● Die Beschleunigung der Post

Noch vor 150 Jahren transportierte man vielerorts in Europa Briefe per Postkutsche von einem Ort zum anderen. Die Antwort auf einen Brief wurde erst Tage, wenn nicht Wochen später erwartet. Heute, gut sechs Generationen später, wird jede Botschaft digital innerhalb von Sekunden zugestellt. Kommt die Antwort darauf nicht prompt zurück, prüfen wir die Verbindung und greifen zum Telefonhörer, um nachzufragen, was schiefgegangen sein könnte. Wir haben uns damit abgefunden, dass unsere

Mailbox täglich aufs Neue voller unerbetener Nachrichten ist, die mühsam von den wenigen inhaltsreichen und wichtigen getrennt werden wollen. Wer zwei Tage nicht in seine Mailbox schaut und danach nur zehn neue Nachrichten hat, mit dem kann etwas nicht stimmen, der scheint nicht besonders gefragt zu sein.

Kein Einzelner kann die durch die Technik ermöglichte Beschleunigung der Beschleunigung aufhalten. Auch ist die Faszination dieser immer runder und harmloser aussehenden Geräte allmächtig. Sind Sie in letzter Zeit einmal Zug gefahren? Es ist leichter, die Anzahl der Reisenden ohne Mobilgerät zu zählen, als die mit. Seit einiger Zeit gibt es Ruhezonen in den Zügen, in denen man NICHT telefonieren darf – welch eine Umkehrung der Verhältnisse! Man hat manchmal den Eindruck, die ganze Nation ist ohne Unterlass am inhaltslosen Plappern und Spielen – wenn das wenigstens zu einem entsprechenden Genussgefühl führen würde!

TIPP

Was können Sie tun, um das ständige Kommunikationsrauschen um Sie herum insgesamt auf ein Ihnen zuträgliches Maß zu regulieren und zudem Informationspausen zu installieren? Auch hier ist der goldene Weg der der Mitte. Es wäre blauäugig, sich den Medien und Kommunikationsmitteln vollständig entziehen zu wollen, ihre Nutzung total zu verweigern. Realistisch ist aber, die Technik in angemessener Weise (!) für sich zu nutzen, ohne sich zu ihrem bedingungslosen Diener zu machen. Wie kann das gelingen? Zuallererst, indem Sie sich Informationspausen verschaffen. Leider gelingt das nicht ohne eine Entscheidung gegen das Zuviel, ohne Abschiede von Gewohnheiten und Automatismen und nicht ohne Disziplin.

● Informationspausen einlegen

Wir Bundesbürger verbringen, so zeigen jüngste Erhebungen, im Schnitt zweieinhalb Stunden täglich vor dem Fernseher. Anschließend sind wir damit mehr oder weniger freiwillig – und bewusst – beschäftigt, all die aufgenommenen Informationen zu verarbeiten, uns über Gehörtes zu ärgern oder zu wundern oder gar in unseren Träumen zu wiederholen. Ein Sechsjähriger stellt, so lernen die Pädagogen im Studium, im Schnitt täglich 400 Fragen. Man kann davon ausgehen, dass die Kinder die eingehenden Informationen verarbeiten und einbinden, nach und nach Lücken in ihrem Verständnis der Welt füllen und damit lernen. Spontan könnte man daraus folgern, eine Information sei im Prinzip eine Antwort auf eine Frage.

Was aber, wenn auf Sie 400 Antworten zu Fragen einprasseln, die Sie nie gestellt haben? Eine fürchterliche Vorstellung, nicht wahr? In Wirklichkeit nehmen wir täglich innerhalb von Sekundenbruchteilen ein Vielfaches dessen an Informationen auf und sammeln so in unserem Gehirn einen gewaltigen Haufen Daten an. Doch Informationsdaten an sich sind zunächst einmal wertlos und binden Kapazitäten. Informationen werden erst dann zu wertvollem Wissen, wenn Sie bereit sind, diese zu verarbeiten, sinnvoll mit Bekanntem zu verknüpfen, zu erinnern und einzuordnen. Wenn Sie jedoch nicht bereit oder in der Lage sind, Zeit in die Informationsaufbereitung zu investieren, sammeln Sie nur Datenmüll in Ihrem Gedächtnis – und vermutlich auch in Ihren Regalen und Ablageflächen.

Dabei sind Sie den Informationen und Nachrichten nicht immer hilflos ausgeliefert. Sie haben zahlreiche Möglichkeiten, die Informationsquellen bewusst auszuwählen, an- oder auszuschalten und den Informationsfluss zu kanalisieren. Eine erste Maßnahme ist, überflüssige Informationskanäle zu verstopfen, vor allem solche, durch die immer nur negative, unsinnige, überflüssige Informationen auf Sie einströmen. Machen Sie den Aus-Schalter zu Ihrem Lieblingsschalter und schonen Sie öfter den An-Schalter!

Unterbrechen Sie den ständigen Strom von Informationen. Reduzieren Sie Ihre Empfangsbereitschaft. Hören Sie zum Beispiel Ihr Handy nur gelegentlich ab. Setzen Sie sich schrittweise auf Entzug, falls Sie bereits handysüchtig sind. Jede Stunde maximal schauen Sie nach neuen Nachrichten – später alle zwei Stunden, danach nur noch dreimal am Tag! Fahren Sie einmal Auto, ohne das Radio einzuschalten. Lenken Sie Ihre Aufmerksamkeit auf die Landschaft, durch die Sie fahren. Blühen die Blumen schon? Färben sich bereits die Blätter? Schauen Sie nur noch einmal am Tag in Ihren Computer! Gewöhnen Sie Ihr Umfeld daran, dass Sie nur noch zum Beispiel abends einmal in Ihren Posteingang schauen. Gestehen Sie diesem Medium nur eine begrenzte Zeit am Tag zu, zum Beispiel 30 Minuten. Ohne eigenes Limit vertrödelt man unversehens Stunden vor dem Bildschirm, ohne dass man sich nachher erholter, fröhlicher, erfüllter fühlt. Verordnen Sie sich regelmäßig komplett computerfreie Tage! Schalten Sie den Fernseher gar nicht erst an. Nehmen Sie ein Buch zur Hand oder hören Sie Musik oder besuchen Sie spontan die Nachbarn – das ist authentischer, lebensnah und (meistens) viel amüsanter als Fernsehen! Wenn Ihnen gar nichts einfällt, dann bleiben Sie probehalber einmal in Ihrer Sofaecke sitzen und warten. Ihr Geist wird – wenn Sie ein wenig Geduld haben – hervorkommen wie eine Schildkröte aus ihrem Panzer. Folgen Sie auf leisen Sohlen Ihren Gedanken mal hierhin, mal dorthin! Genießen Sie das mentale Bummeln!

Nicht-Wissen befreit

Die wichtigste Maßnahme, sich Pausen zu verschaffen, besteht darin, sich von dem Druck zu befreien, immer alles wissen zu müssen. Der durchschnittliche Bundesbürger verbringt 60 Minuten am Tag mit Zeitunglesen. Vielleicht gehören Sie zu den Menschen, die das morgendliche Stöbern in der Tageszeitung zu den wenigen genüsslichen, unverplanten Momenten am Tag zählen. Wenn es das ist, lesen Sie unbedingt weiter! Aber seien wir ehrlich: Für viele sind aktuelle Nachrichten zu hören oder zu lesen nicht der Quell von Lebenslust, sondern eher eine freudlose Angewohnheit. Dass wir uns nicht so leicht von einer gewohnten Rolle wie der des immer informierten Zeitgenossen verabschieden mögen, liegt eher an Folgendem: Jede Entscheidung hat einen Preis. Nicht unbedingt einen materiellen Preis, aber auf jeden Fall einen, auf den wir bereit sind zugunsten unserer Entscheidung zu verzichten – oder eben auch nicht.

Der Preis des Mithaltens

Der „Preis" für nicht täglich sorgfältig die Nachrichten zu verfolgen heißt dann vielleicht „manchmal uninformiert neben den Kollegen stehen", „nicht den neuesten Klatsch und Tratsch wissen" oder „keinen Beitrag zum Austausch der neuesten Börsenskandale liefern können".

Niemand kann alles wissen. So viel man auch aufnimmt, man wird immer in Situationen geraten, in denen andere besser Bescheid wissen und man selbst unwissend daneben steht.

Wehren Sie die Frage „Was, das wissen Sie nicht?" ab mit einer klaren Antwort wie „Nein, das interessiert mich zurzeit nicht". Haben Sie sich äußerlich und vor allem innerlich von dem Wissensdruck befreit, werden Sie leicht auf viele Informationen verzichten können und gelassen die Zeitung zugefaltet, das Radio ausgeschaltet und nicht zuletzt auch die Facebook-News einmal ungelesen lassen können. Vielleicht kommt Ihnen beim Lesen dieser Zeilen auch in den Sinn, dass Ihr Preis ganz real ist, dass

Sie Ihr Abonnement ja schon für ein Jahr im Voraus bezahlt haben und es nun wirklich Geldverschwendung wäre, jetzt die Zeitung oder das tägliche E-Paper nicht mehr zu lesen. Wirklich? Wäre Ihnen die freie Mußezeit nicht mindestens so viel wert wie das bezahlte Abonnement?

Sie können übrigens anstatt des banalen Beispiels des Zeitunglesens die Nutzung beliebiger anderer Medien wie Social Media Plattformen, RSS-Feeds, Foren und Zeitschriften wählen. Auch die Kenntnis im Umgang mit den Techniken oder der neuesten Softwareversion gehören in diese Kategorie. Letztendlich sind die Fragen immer wieder dieselben: „Ist mir dies oder jenes wirklich schnelleres Strampeln an anderer Stelle wert?" „Wie hoch wäre der Preis, wenn ich es ließe?" Und: „Wäre mir mehr Muße oder freie Zeit nicht doch vielleicht diesen Preis wert?"

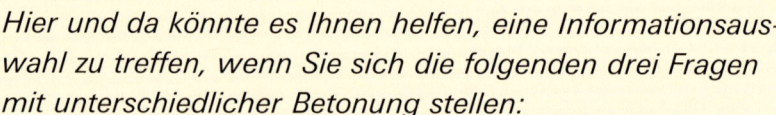

TIPP

Hier und da könnte es Ihnen helfen, eine Informationsauswahl zu treffen, wenn Sie sich die folgenden drei Fragen mit unterschiedlicher Betonung stellen:

- *BRAUCHE ich diese Information?*

- *Brauche ICH diese Information?*

- *Brauche ich DIESE INFORMATION?*

Sicherheit durch Bindung

Man kann von den Landwirten eine Menge darüber lernen, das Richtige zur richtigen Zeit und Schritt für Schritt in der richtigen Reihenfolge zu tun. Ganz natürlich scheint es selbst uns als Laien, dass nach der Saat eine lange Zeit des Hegens und Pflegens folgt, dass zarte Pflänzchen vor den Saaträubern geschützt werden müssen, dass eine Zeit des Reifens und Heranwachsens kommt und dass dann erst geerntet werden kann, was auf diese Weise gediehen ist.

● Natürliches Wachstum

Nie käme man auf die Idee, die Reihenfolge zu verändern oder entgegen den Jahreszeiten zu pflanzen oder das Wachstum der Pflanzen gar durch Ziehen zu beschleunigen.

Hier sehen wir ohne Weiteres ein, dass „gut Ding Weile" braucht und eine Beschleunigung der Abläufe Grenzen hat. Die natürliche Ordnung der Dinge, die Zuverlässigkeit der Jahreszeiten, ihrer Bedingungen und der daran angepassten Abläufe vermitteln uns ein Gefühl von Sicherheit. Obwohl die Landwirtschaft längst die Arbeitsformen industrieller Produktion angenommen hat, bewahren wir uns nur zu gern das Bild des Bauern, der seine Felder im Laufe des Jahres sorgsam bestellt, und versichern uns damit, dass wenigstens hier die natürliche Reihenfolge noch gilt.

Fallbeispiel: Alles zu seiner Zeit

Die drei Mitglieder eines Forschungs- und Entwicklungsteams berichteten von einem interessanten Beispiel bezüglich der Eigenzeit von Innovationen. Im Laufe ihrer langjährigen Zusammenarbeit an drei verschiedenen Standorten hatten sie festgestellt, dass sie besonders gut vorankämen, wenn sie kommunikative Vorhaben im Sommer realisierten, während sie sich im Winter eher auf solche, die des intensiven Forschens und Tüftelns bedürfen, konzentrierten. Sie hatten sich in ihrem Team deshalb darauf geeinigt, jeweils im Frühsommer die Ergebnisse ihrer Nachforschungen zu präsentieren und zu veröffentlichen, die sie in den langen Wintermonaten zuvor jeweils sorgfältig zusammengetragen und im Frühjahr einer ausführlichen Überprüfung unterzogen hatten. Diese Vorgehensweise hatte sich bestens bewährt und sie waren zu Recht stolz auf ihre verlässlichen und in ihrem Unternehmen durchgehend anerkannten Ergebnisse. In einem Jahr wurde dieser eingespielte Arbeitsrhythmus plötzlich unterbrochen. Sie erhielten den Auftrag, parallel zu den Präsentationen des Sommers mit den neuen Entwicklungsprojekten zu beginnen. Die Ergebnisse sollten schon im Dezember durch eine verkürzte Prüfphase laufen, um im Januar als bahnbrechendes Highlight auf einer wichtigen Fachkonferenz vorgestellt zu werden. Der Chef der F&E-Abteilung bestand auf der Einhaltung der Termine – koste es, was es wolle, er wollte der Konkurrenz unbedingt zuvorkommen. Das erfahrene Fachteam protestierte vehement, beugte sich aber schließlich der Vorgabe und begann im Sommer parallel zu den Präsentationen der Vorjahresergebnisse mit den neuen Forschungen. Die Ergebnisse wurden nach einer verkürzten Überprüfung im Januar vorgestellt – und erwiesen sich als Flop.

● Alles braucht seine Zeit

Jede Angelegenheit braucht für ihre Entwicklung, für ihr Wachstum, den Fortgang ihre (ihr angemessene) Zeit: essen braucht seine Zeit, schlafen braucht seine Zeit, lernen braucht seine Zeit, entspannen braucht seine Zeit, ein Vogelhaus bauen braucht seine Zeit, von A nach B radeln braucht seine Zeit. Jedes hat in diesem Sinne eine Eigenzeit, in der es seiner Bestimmung gemäß reifen und wachsen kann.

Wir können Wachstum nicht beschleunigen, indem wir ziehen und schieben, Offensichtliches dem Folgerichtigen vorziehen, mehr in weniger Zeit pressen oder mehr gleichzeitig erledigen.

Reifung und Entwicklung lassen sich nicht ohne Verluste beliebig beschleunigen. Das gilt für das Lernen genauso wie für das Vergessen. Auch sich schneller erholen geht nicht wirklich, genauso wenig wie schneller genießen, schneller lieben, schneller kommunizieren. Die Dinge wollen sich in der richtigen Reihenfolge entfalten und in dem ihnen eigenen und angemessenen Tempo.

Und obwohl wir das genau wissen, versuchen wir doch, alles immer noch schneller hinzubekommen, noch schneller abzuarbeiten – und verlieren dabei vor lauter Veränderung und Geschwindigkeit die Bodenhaftung.

• Der Verlust von Sicherheiten

Nichts scheint mehr sicher, nichts scheint mehr zuverlässig zu sein. Was gestern noch galt, ist heute schon wieder hinfällig. Auf was sollen wir haften, wenn der Boden nicht zuverlässig fest ist? „Nachhaltig" ist eines der Wörter, mit denen wir in jedem angebrachten und unangebrachten Kontext derzeit unserem Bedürfnis nach Dauer Ausdruck verleihen. Alles möge zurzeit undifferenziert nachhaltig sein, neue Gebäude, Energien, Kleidung, Produktionen, Erholung, Politik, Gegenstände um uns herum. Treffender als das seltsam inhaltsleer anmutende neue Wort „Nachhaltigkeit" würde der aus der Mode gekommene Begriff „Dauer" beschreiben, wonach viele sich sehnen. Die Dinge, unser Wirken, unsere Ergebnisse, unsere Ziele und die Rahmenbedingen sollen wieder von Dauer und zuverlässig sein. Zwischen dem Hetzen und Rennen wollen wir innehalten können auf sicherem Grund. Wir vermissen den Stillstand als Gegenstück zur Bewegung, die Dauer als Gegenstück zur Kurzlebigkeit, die Langsamkeit als Gegenstück zur Geschwindigkeit.

> Wir hetzen und hetzen, ohne anzuhalten, und haben vergessen, uns zu besinnen, wofür wir uns eigentlich Tag für Tag abmühen.

• Die Sehnsucht nach Dauer

„Ich möchte einfach irgendwann einmal ankommen!", lautet die resignierte Zusammenfassung der eigenen Zustandsbeschreibung der erschöpften 40- bis 50-Jährigen heute. Zu wissen, wo man hingehört, was wichtig ist, was Halt gibt, eine Antwort zu finden auf die Frage, wofür all das Rennen und Hetzen, das Weiterbilden und Fortkommen auf der Karriereleiter, das Mehr und Schneller gut sein soll – außer um mehr Geld zu verdienen und mehr Geld auszugeben –, wird zur Lebensmitte immer dringlicher. Die nächste Generation hat eine Antwort: „Die Jugend besinnt sich wieder auf traditionelle Werte. Familie und Umgangsformen gewinnen an Bedeutung", ergeben die Umfragen. Ob so eine neue, von materiellen Einschränkungen noch unberührtere Generation versucht, das Sowohl-als-auch, den Wechsel zwischen Bewegung und Stillstand, zwischen Veränderung und Dauer zu realisieren? Sind Familie und Umgangsformen als Repräsentanten von Einbindung, Regeln, Ritualen und Verlässlichkeit die Antwort auf den Hochgeschwindigkeitszug des Alltags und die geforderte Internationalität, Mobilität, Flexibilität, Anpassungsfähigkeit der jungen Leute unter uns?

● Was ist von Dauer?

„Das mag ja so sein!", wird mancher vielleicht an dieser Stelle einwerfen. „Aber was kann ich denn nun tun? Wie kann ich mich in dieser Hochgeschwindigkeitsgesellschaft sicherer fühlen? Was gibt mir Halt?" Schaffen Sie einen Ausgleich zu dem Vergänglichen, Beschleunigten, Fließenden, Unsicheren! Sorgen Sie dafür, dass in Ihrem Leben – dem Bereich, den Sie beeinflussen können – Dauerhaftes, Langsames, Behutsames und Festes einen angemessenen Platz finden! Wie könnte das gehen? Was ist noch dauerhaft, langsam, behutsam und fest? Dauerhaft ist das, was von Bestand ist, was währt und bleibt. Als Erstes kommen Ihnen dazu vielleicht auch massiv auf festem Grund gebaute Häuser in den Sinn. Im-Mobilie – nicht Bewegliches nennt man Gebäude deshalb auch. Eine Hütte aus leichtem Stroh oder ein Zelt aus zusammengeknüpften Planen bezeichnen wir nicht als Immobilie, genauso wenig wie ein Hausboot. Die ausschlaggebenden Attribute sind also „massiv im Sinne von solide gebaut und auf festem Grund stehend".

Als dauerhaft und beständig empfinden wir auch all das, was langsam und stetig in eine Richtung strebt. Ein Baum zum Beispiel wächst unmerklich, aber beständig Richtung Himmel. Wenn wir ihn nicht zu kurzfristigem Nutzen fällen, wächst er über Jahrzehnte

– manchmal über Jahrhunderte – langsam, aber sicher zu einem großen, starken Baum heran. Ein Baum vermittelt uns ein Gefühl von Sicherheit, weil er trotz widriger Jahreszeiten lebt und lebt und dabei weder seinen Standort noch sein Ziel verändert. Die Attribute von Dauerhaftigkeit sind hier: stetig und hartnäckig dasselbe Ziel verfolgen. Das Attribut dauerhaft verwenden wir auch im Zusammenhang mit Beziehungen. Wenn wir von einer „dauerhaften Beziehung" sprechen, dann drücken wir zum einen aus, dass eine Verbindung zwischen Menschen besteht, zum anderen geben wir dieser Verbindung eine Qualität: dauerhaft! Dauerhaft deutet hier nicht nur die Länge oder Beständigkeit der Verbindung an, sondern auch die Tiefe. Dauerhafte Verbindungen meinen also tiefe – oder auch echte – Verbindungen. Die Bindung besteht nicht nur in einem dünnen Faden, sondern in einem dicken Strang – der mit der Zeit aus vielen behutsam geknüpften Fäden gewachsen ist. Wir fühlen uns durch solch einen Strang nicht nur lose und oberflächlich mit jemandem verbunden, sondern fest und zuverlässig. Unsere Verbindung ist hier belastbarer, sicherer als die einer „flüchtigen Beziehung".

Solche „verbindlichen Verbindungen" pflegen wir mit guten Freunden, zu langjährigen sympathischen Nachbarn, zu zuverlässigen Geschäftspartnern und insbesondere zu unserem Partner und unseren Kindern. In diesen Verbindungen binden wir uns an andere. Durch Verbindungen schweben wir nicht mehr frei im Raum, sind nicht mehr bindungslos. Attribute von dauerhaft in diesem Sinne sind verbunden und zuverlässig.

● Verbindungen eingehen

Wenn wir also danach suchen, was dauerhaft, langsam, behutsam und fest sein könnte, dann begegnen wir immer wieder Varianten von Bindungen: Das solide Haus ist dem Boden verbunden, der Baum ist der langen Zeit und seinem Ziel verbunden, wir haben uns an Menschen gebunden. Dauerhaftes, Langsames, Behutsames und Festes scheint sich dort einzufinden, wo Verbindungen entstehen und Bodenhaftung ermöglichen. Traditionell hieß es: „Ein Mann soll in seinem Leben ein Haus bauen, einen Baum pflanzen und ein Kind zeugen." Oberflächlich betrachtet weckt dieser überkommene Dreiklang zunächst unseren Widerstand. Richten wir aber den Fokus auf die symbolische Aussage von Haus, Baum, Kind, dann bleibt im Kern: „Binde dich, binde dich, binde dich!" Was heißt das konkret für Ihr Leben? Schaffen, knüpfen, pflegen Sie Verbindungen! Indem Sie sich im oben beschriebenen Sinne verbindlich, solide und beständig an Menschen, Orte – und auch besondere Dinge – binden, bereiten Sie den Boden, auf dem Sie inmitten des Vergänglichen, Beschleunigten, Fließenden, Unsicheren immer wieder Halt finden werden.

Anregung: Meine Bindungen

Diese Übung lädt Sie ein, sich die Verbindungen, die Sie im guten Sinne am Boden halten, einmal an die Oberfläche Ihres Bewusstseins zu holen.
Fangen Sie bedächtig an zu sammeln. Die meisten Menschen sind viel mehr mit anderen Menschen, Werten und mit Orten verbunden, als ihnen bewusst ist. Können Sie zu den gefundenen Verbindungen jeweils auch den Grad der Bindung beschreiben? Ist die Verbindung (noch) lose oder schon verbindlicher? Lesen Sie die Attribute von verbindlich noch einmal nach! Wie wäre es, vielleicht die eine oder andere Verbindung zu stärken oder wiederaufzunehmen? Was schätzen Sie besonders an jeder der vorhandenen Bindungen? Haben Sie Ihre Dankbarkeit für die vermittelte Sicherheit schon einmal den Menschen mitgeteilt, denen Sie sich verbunden fühlen? Spricht etwas dagegen, es jetzt zu tun?

Verbünden Sie sich

Allein gegen den Strom der Zeit – besser gegen den der herrschenden (Un-)Kultur – zu schwimmen ist mühsam und kann zuweilen sogar äußerst frustrierend sein. An manchen Tagen fühlt man sich ganz allein mit seinem Eindruck, dass der Beschleunigungswahnsinn den Alltag bestimmt. Allzu schnell werden die Zweifler als Spinner oder Leistungsverweigerer in die sprichwörtliche Ecke gestellt für das geäußerte Zweifeln oder gar ein auffälliges, aus der Masse hervorstechendes Verhalten wider die diversen Mode-, Leistungs-, Erfolgs-, Berufs-, Lebensstandard- und Fitnessdiktate.

● Hast du etwa Langeweile?

Obwohl gemeinsames Jammern über den allgegenwärtigen Zeitmangel immer noch zum guten Ton in fast jedem Gespräch gehört, stehen diejenigen, die nicht nur bei der Beschreibung der Symptome bleiben, sondern et was dagegen unternehmen, oft allein da.

Haben Sie schon einmal beobachten können, was passiert, wenn jemand lächelnd (nicht jammernd) feststellt „Ich hab nichts zu tun!" oder „Ich hab jede Menge Zeit!"? Der Ausdruck von Zeitreichtum und Gelassenheit, von freier Zeit und Müßiggang ist fast unerträglich für die meisten mitanzuschauen und wird sogleich mit absurden Erklärungsversuchen belegt:

„Na ja, du hast ja auch keine Kinder!", „Du musst ja auch nicht so viel Geld verdienen!" Oder bemerkenswerterweise sogar: „Du hast ja auch nicht so hohe Ansprüche!"

Mit etwas Pech folgen der empörten oder auch bedauernden Feststellung unserer unverplanten freien Zeit häufig blitzschnell allerlei ungebetene Ratschläge, Arbeitsangebote oder unbedachte Hilfe-Ersuche nach dem Motto „Hast du etwa Langeweile? Ich kann Abhilfe schaffen." Eltern, die ihren Nachwuchs emsig lückenlos beschäftigen, sind übrigens ein gutes Beispiel für dieses Phänomen.

● Zeit macht so gierig wie Geld

Unsere freie Zeit ist so magisch anziehend auf andere wie Süßes für die Wespen. Um die süße Sahnetorte der freien Zeit zu schützen, hilft nur die Kuchenabdeckhaube – im bildlichen Sinn gesprochen. Schützen Sie die oft mühsam geschaffenen freien Räume. Machen Sie sich unsichtbar, seien Sie „dann mal weg".

Sie werden feststellen: Wenn Sie sich freie Tage einräumen, Einladungen und Aktivitäten ablehnen, spontane Besucher nicht zur Tür hereinlassen mit der Begründung, Zeit für sich zu brauchen, werden Sie nicht nur Betätigungsvorschläge einheimsen, sondern auch Unverständnis und Ablehnung für Ihr offensichtlich eigennütziges Verhalten ernten. All diese Reaktionen sind nicht verwunderlich: In einer Kultur, in der die Gleichung „Zeit ist Geld" für wahr erklärt wurde, muss die Zurschaustellung von Zeitreichtum ungefähr die Wirkung wie die von Geldreichtum haben. Ein Koffer voller Geldscheine muss dann folgerichtig genauso Neid, Habgier und Missgunst wecken wie – sinnbildlich gedacht – ein Koffer voll Zeit. In beiden Fällen sind vor allem diejenigen von Neid, Missgunst und Gier befallen, die sich als im Mangel befindlich und als ohnmächtig erleben.

Unsere Epoche gestattet nicht, ...

... *stillzustehen und sich zu vertiefen; schon bedächtiges Gehen ruft Verdacht hervor.*

Søren Aabye Kierkegaard

● Suchen Sie Gesellschaft

Die Anzahl der Menschen, die nicht mehr nur über die Beschleunigung klagen, sondern an der Entschleunigung mitwirken wollen, wird in allen Industrienationen stetig größer. Sie finden diese in fast allen Regionen und Bundesländern, auf nationaler und internationaler Ebene – inzwischen sogar in verschiedensten Bündnissen, Vereinen und Verbänden organisiert. Hier tauschen sich täglich mehr Menschen, Laien wie Experten, über das Phänomen der Zeit oder auch über Prinzipien der Verlangsamung und konkrete individuelle Einflussmöglichkeiten im Alltag aus. Suchen Sie ähnlich Gesinnte für Ihre persönliche Ermutigung und Inspiration. Verbünden Sie sich darüber hinaus mit anderen für eine schrittweise Veränderung unserer Zeitkultur, damit unser Pfeifen im Walde sich mit der Zeit zu einer reichen Melodie verbindet.

Informationen zu Burn-out – psychische Erschöpfung

Lange galt: Wer das Hochgeschwindigkeitstempo in Wirtschaft und Gesellschaft nicht mithalten konnte, war offensichtlich unfähig – oder schlimmer noch: faul! Der Anspruch ist mittlerweile gestiegen: Wer nicht Schritt halten kann und gleichzeitig diszipliniert für Balance sorgt und psychisch entspannt das Leben genießt, ist unfähig – oder leidet laut der Internationalen Klassifikation der Erkrankungen (ICD-10) an „Schwierigkeiten in der Lebensbewältigung". Dadurch dass mittlerweile die Symptome der Überforderung quer durch alle Berufs- und Bevölkerungsgruppen sowie alle (!) Altersstufen auftreten, wehren sich immer mehr Betroffene gegen das Stigma des Losers und gegen die gesellschaftliche Ausgrenzung. Die grundlegende Betrachtung der Erschöpfung als Krankheit macht es leichter, Hilfe in Anspruch zu nehmen. Die folgenden Quellen bieten erste Informationen unter dem Aspekt der Wiederherstellung der Gesundheit.

Adressen, die weiterhelfen

Verein zur Verzögerung der Zeit
Fakultät für Interdisziplinäre
Forschung und Fortbildung der
Universität Klagenfurt
Sterneckstraße 15
A-9020 Klagenfurt
www.zeitverein.com

Im Verein zur Verzögerung der
Zeit verbinden sich an Zeitfragen
Interessierte sowie beruflich zum
Thema „Zeit" arbeitende Mitglieder. Auf der deutschsprachigen
Webseite finden sich u.a. Informationen zur regelmäßig erschei-
nenden Zeitschrift *ZEIT* sowie
eine hervorragende Literaturliste
zu vielen Aspekten unseres Lebens in der Zeit.

Slow Food Deutschland e.V.
Luisenstraße 45
0117 Berlin
www.slowfood.de

Im Gründungsmanifest von Slow
Food International heißt es: „Die
Industriegesellschaft hat zuerst
die Maschine erfunden und nach
ihr das Leben modelliert. Mecha-
nische Geschwindigkeit und ra-
sende Beschleunigung werden

zur Fessel des Lebens. Wir sind
alle von einem Virus befallen:
‚Fast Life!' [...] Gegen diejenigen
– sie sind noch die schweigende
Mehrheit –, die die Effizienz mit
Hektik verwechseln, setzen wir
den Bazillus des Genusses und
der Gemütlichkeit, was sich in
einer geruhsamen und ausge-
dehnten Lebensfreude manifes-
tiert. [...] In der Entwicklung des
Geschmacks, und nicht in seiner
Verarmung, liegt die wahre Kultur. [...]

Slow Food ist eine Idee, die viele
befähigte Anhänger braucht, damit aus der (langsamen) Regung
eine weltweite Bewegung wird,
deren Symbol eine kleine Schne-
cke ist – Slow Food International
[...]"

Das Burn-out-Forum
Jürgen Berger
Sudelfeldweg 33
85435 Erding
www.burn-out-info.de

Das Burn-out-Forum wurde von
J. Berger privat initiiert. Auf der
umfangreichen Webseite hat

Berger hilfreiche Informationen u. a. zu Symptomen und Ursachen sowie zu Hilfe und Behandlung gesammelt. Im öffentlichen Forum diskutieren 3811 Mitglieder in bisher 255.160 Beiträgen (Stand Mai 2012) verschiedene Fragestellungen und Erfahrungen in Bezug auf Burn-out.

imedo GmbH
Greifswalder Str. 156
10409 Berlin
www.hilfe-bei-burnout.de

Die imedo GmbH liefert in ihrem Gesundheitsportal umfassende Informationen zum Thema Burn-out, u.a. ausführliche Verzeichnisse von Beratungsstellen, Verbänden und Selbsthilfegruppen sowie Literatur- und Hörbuchempfehlungen. Die Herausgeber beschreiben ihr Anliegen folgendermaßen: „ […] Wir wollen Betroffenen, deren Angehörigen und Interessierten eine erste Anlaufstelle bieten, um sich über das Krankheitsbild, dessen Ursachen, Möglichkeiten der Hilfe durch Selbsthilfe und verschiedene Therapieformen zu informieren und erste Handlungsempfehlungen zu erhalten. […]"

Bücher, die weiterhelfen

Folgende Autoren beleuchten unter verschiedenen Aspekten unser Verständnis von Zeit und unser Verhältnis zu ihr. Weit jenseits von Ratschlägen zur „Entschleunigung für zwischendurch" liefern sie Stationen am Wege, um innezuhalten, inspirieren dazu, die Perspektiven zu wechseln und über unsere Werte nachzusinnen.

Cameron, Julia:
Der Weg des Künstlers. Ein spiritueller Pfad zur Aktivierung unserer Kreativität.
Droemer Knaur, München 2000

Csikszentmihalyi, Mihaly:
Flow. Das Geheimnis des Glücks.
Klett-Cotta, Stuttgart 1993

Geißler, Karlheinz A.:
Zeit. „Verweile doch, du bist so schön!".
Beltz Quadriga, Weinheim 1996

Geißler, Karlheinz A.:
Lob der Pause. Warum unproduktive Zeiten ein Gewinn sind.
Oekom, München 2010

Geißler, Karlheinz A.:
Alles hat seine Zeit, nur ich hab keine. Wege in eine neue Zeitkultur.
oekom, München 2011:

Han, Byung-Chul:
Duft der Zeit. Ein philosophischer Essay zur Kunst des Verweilens.
Transcript, Bielefeld 2009:

Nadolny, Sten:
Die Entdeckung der Langsamkeit.
Piper, München 1987

Opitz, Florian:
Speed. Auf der Suche nach der verlorenen Zeit.
Riemann, München 2011

Reheis, Fritz:
Entschleunigung. Abschied vom Turbokapitalismus.
Riemann, München 2003

Schwarz, Ernst (Hrsg.):
Laudse Daudedsching.
Philipp Reclam jun., Leipzig 1970

Es ist ganz eitel …

… Als ich aber ansah alle meine Werke, die meine Hand getan hatte […], siehe, da war alles eitel […] Was hat der Mensch für Gewinn von aller seiner Mühe, die er hat unter der Sonne? Ein Geschlecht vergeht, das andere kommt; die Erde aber bleibt ewiglich. Die Sonne geht auf und geht unter und läuft an ihren Ort, dass sie wieder daselbst aufgehe. Der Wind geht gen Mittag und kommt herum zur Mitternacht und wieder herum an den Ort, da er anfing. Alle Wasser laufen ins Meer, doch wird das Meer nicht voller; an den Ort, da sie herfließen, fließen sie wieder hin. Es sind alle Dinge so voll Mühe, dass es niemand ausreden kann. Das Auge sieht sich nimmer satt und das Ohr hört sich nimmer satt. Was ist's, das geschehen ist?
Eben das hernach geschehen wird.

[…]

Ich, der Prediger, war König zu Jerusalem […] und richtete mein Herz zu suchen und zu forschen weislich alles, was man unter dem Himmel tut. Solche unselige Mühe hat Gott den Menschenkindern gegeben, dass sie sich darin müssen quälen. […] Ich sah an alles Tun, das unter der Sonne geschieht; und siehe, es war alles eitel und Haschen nach dem Wind. Krumm kann nicht schlicht werden noch was fehlt, gezählt werden. […] Ich sprach in meinem Herzen: Siehe, ich bin herrlich geworden und habe mehr Weisheit denn alle, die vor mir gewesen sind zu Jerusalem, und mein Herz hat viel gelernt und erfahren. […] Und richtete auch mein Herz darauf, dass ich erkennte Weisheit und erkennte Tollheit und Torheit. Ich ward aber gewahr, dass solches auch Mühe um Wind ist. […] Denn wo viel Weisheit ist, da ist viel Grämens; und wer viel lernt, der muss viel leiden."

Lutherbibel, Prediger 2

Index

Als CEO der Konzeptagentur Herwig, Produzentin eines Modelabels und bildende Künstlerin im Ausstellungsbetrieb, kennt die Autorin sowohl die Chancen als auch die Risiken eines straff durchorganisierten Alltags. Nach ihren Ratgebern zum Selbst- und Zeitmanagement gibt Ute Elisabeth Herwig nun ihre Erfahrungen in der bewussten Entschleunigung und dem Streben nach Balance weiter.

© 2012 design cat GmbH

Genehmigte Lizenzausgabe
EDITION XXL GmbH
Fränkisch-Crumbach 2012
www.edition-xxl.de

Idee und Projektleitung:
Sonja Sammüller
Layout, Satz und Umschlaggestaltung:
design cat GmbH

ISBN (13) 978-3-89736-284-0
ISBN (10)   3-89736-284-8

Bildnachweis

Shutterstock: agsandrew 10/Alex_187 89/Anna Omelchenko 104/Best Photo Studio 80/branislavpudar Cover back/Boris Zatserkovnyy Cover front, 10-11, 26-27, 50-51, 70-71, 88-89, 110-110, Cover front/Candybox Images Cover back/Chepko Danil Vitalevich 26/conrado 109/D brown Cover front, 11/ Demid Borodin Cover back/Denis Tabler 34/Denis Vrablevski 123/dogboxstudio 50/Dino 111/eleana 17/Ersler Dmitry 78, 107/Gunnar Pippel 8/Igor Shikov 114/iQoncept 142/Kary1974 48/Konstantin Sutyagin 110/Leremy 15, 18, 27, 42, 46, 49, 64, 67, 68, 71, 87, 95, 113, 134/Lu Mikhaylova 131/makicifu 33, 37, 49, 59, 68, 73, 83, 97, 100, 105, 108, 120, 126, 128, 130/ Matusciac Alexandra 70/Max Photographer 75/Michaela Stejskalova 6/mll 19/Morphart Creations inc. 16/Nagy Melinda 98/nopporn 125/Olga Utlyakova 115/oliveromg 140/Shelly Jansen 133/Seamartini grapics Cover front/ Stocklite 69/ Timashov Sergiy 15, 17, 20, 23, 24, 30, 35, 38, 44, 55, 60, 66, 77, 81, 86, 92, 102, 116, 118, 132, 137, 145/Trekandshot 88/ Tyler Olson 9/ Veniamin Kraskow 58/Vibrant Image Studio 85/ VitezszslavValka 90/ wavebreakmedia ltd 9, 43/woaiss 12/Yan Lev 38/Yeko Photo Studio 7/Yuri Arcurs Cover back, 25/Z-Art Cover front